동화집 석종

石の鐘

김소운 저작 선집 - 설화편 2

동화집 석종

童話集 石の鐘

초판1쇄 발행 2024년 7월 30일

엮은이 김광식 · 나카이 히로코
펴낸이 홍종화

주간 조승연
편집 · 디자인 오경희 · 조정화 · 오성현
신나래 · 박선주 · 정성희
관리 박정대

펴낸곳 민속원
창업 홍기원
출판등록 제1990-000045호
주소 서울 마포구 토정로25길 41(대흥동 337-25)
전화 02) 804-3320, 805-3320, 806-3320(代)
팩스 02) 802-3346
이메일 minsok1@chollian.net, minsokwon@naver.com
홈페이지 www.minsokwon.com

ISBN 978-89-285-2003-9 94380
S E T 978-89-285-2001-5 94380

김소운 저작 선집 - 설화편 2

동화집 석종

김광식 · 나카이 히로코 공편

金素雲 著作 選集 - 說話編 2

童話集 石の鐘

金廣植 · 中井裕子 共編

목차

Contents

해제

김소운의 「김소운 저작 선집」을 발간하며

김광식

김소운의 「김소운 저작 선집」을 발간하며

김광식

1. 선행연구에 대하여

「김소운 저작 선집」은 1940년대 조선설화집 연구의 기반을 구축하기 위해 기획되었다.

1920년대 전후에 본격화된 조선인의 민간설화 연구 성과를 정확히 자리매김하기 위해서는 1910년 이후에 본격화된 근대 일본의 연구를 먼저 검토해야 할 것이다. 해방 후에 전개된 민간설화 연구는 이 문제를 외면한 채 진행되었다. 다행히 1990년대 이후, 관련 연구가 수행되었지만, 일부 자료에 한정해 진행되었다. 그에 대해 편자는 식민지기에 널리 읽혀졌고, 오늘에도 큰 영향을 미치고 있는 주요 인물 및 기관의 자료를 총체적으로 분석하고, 그 내용과 성격을 실증적으로 검토해 왔다. 관련 논문이 축적되

면서 아래와 같은 관련 연구서도 출판되었다.

권혁래, 『일제강점기 설화 · 동화집 연구』, 고려대학교 민족문화연구원, 2013.

김광식, 『식민지기 일본어조선설화집의 연구(植民地期における日本語朝鮮説話集の研究—帝國日本の「學知」と朝鮮民俗學)』, 勉誠出版, 2014.

김광식, 이시준 외, 『식민지시기 일본어 조선설화집 기초적 연구』 1 · 2, J&C, 2014-2016.

김광식, 『식민지 조선과 근대설화』, 민속원, 2015.

김광식, 『근대 일본의 조선 구비문학 연구』, 보고사, 2018.

김광식, 『한국 · 조선 설화학의 형성과 전개(韓國 · 朝鮮說話學の形成と展開)』, 勉誠出版, 2020.

또한, 다음과 같이 연구 기반을 조성하기 위한 영인본 『식민지시기 일본어 조선설화집 자료총서』 전13권(이시준 · 장경남 · 김광식 편, 제이앤씨)도 간행되었다.

1. 薄田斬雲, 『暗黑なる朝鮮(암흑의 조선)』 1908 영인본, 2012.
2. 高橋亨, 『朝鮮の物語集附俚諺(조선 이야기집과 속담)』 1910 영인본, 2012.
3. 青柳綱太郎, 『朝鮮野談集(조선야담집)』 1912 영인본, 2012.
4. 朝鮮總督府 學務局調査報告書, 『傳說童話 調査事項(전설 동화

조사사항)』1913 영인본, 2012.

5. 楢木末實,『朝鮮の迷信と俗傳(조선의 미신과 속전)』1913 영인본, 2012.
6. 高木敏雄,『新日本教育昔噺(신일본 교육 구전설화집)』1917 영인본, 2014.
7. 三輪環,『傳說の朝鮮(전설의 조선)』1919 영인본, 2013.
8. 山崎源太郎,『朝鮮の奇談と傳說(조선의 기담과 전설)』1920 영인본, 2014.
9. 田島泰秀,『温突夜話(온돌야화)』1923 영인본, 2014.
10. 崔東州,『五百年奇譚(오백년 기담)』1923 영인본, 2013.
11. 朝鮮總督府(田中梅吉),『朝鮮童話集(조선동화집)』1924 영인본, 2013.
12. 中村亮平,『朝鮮童話集(조선동화집)』1926 영인본, 2013.
13. 孫晉泰,『朝鮮民譚集(조선민담집)』1930 영인본, 2013.

전술한 연구서 및 영인본과 더불어, 다수의 한국어 번역본도 출간되었다.

우스다 잔운『암흑의 조선暗黑の朝鮮』(박문사, 2016)을 시작으로, 다카하시 도루『조선이야기집과 속담』, 다카하시 도루『조선 속담집』, 강재철 편역『조선 전설동화』(전2권), 나라키 스에자네『조선의 미신과 풍속』, 다카기 도시오『해학과 미학의 한국 옛이야기』, 미와 다마키『전설의 조선』, 다지마 야스히데『온돌야화』, 이시이 마사미 편『1923년 조선설화집』, 조선총독부(다나카 우메

키치) 『조선동화집』, 나카무라 료헤이 『나카무라 료헤이의 조선동화집』, 핫타 미노루 『전설의 평양』, 모리카와 기요히토 『조선 야담 전설 수필』, 손진태 『조선설화집』 등 많은 책이 번역되었다.

2. 「근대 일본어 조선동화 · 민담집 총서」의 발간

앞서 언급했듯이, 우스다 잔운 『암흑의 조선』(1908), 다카하시 도루 『조선의 이야기집과 속담』(1910, 1914개정판), 조선총독부 학무국 조사보고서 『전설동화 조사사항』(1913), 나라키 스에자네 『조선의 미신과 속전』(1913), 미와 다마키 『전설의 조선』(1919), 다지마 야스히데 『온돌야화』(1923), 조선총독부(다나카 우메키치) 『조선동화집』(1924), 나카무라 료헤이 『조선동화집』(1926), 손진태 『조선민담집』(1930) 등이 영인되고 번역되었다.

이처럼 1930년에 간행된 손진태 『조선민담집』에 이르기까지의 주요 일본어 조선 설화집이 복각되었다. 계속해서 김광식은 그 중요성에도 불구하고, 복각되지 않은 자료를 정리해 「근대 일본어 조선동화 · 민담집 총서」 전 4권(김광식 편, 보고사)을 추가적으로 간행하였다.

「근대 일본어 조선동화 · 민담집 총서」는 편자가 수집해 온 방대한 일본어 자료 중에서 구전설화집을 위주로 선별했다. 선별 기준은, 먼저 일본과 한국에서 입수하기 어려운 주요 동화 및 민담집만을 포함시켰다. 두 번째로 가급적 전설집은 제외하고, 중요한 민담집과 이를 개작한 동화집을 모았다. 세 번째로 조선민담 · 동화에 큰 영향을 끼쳤다고 생각되는 자료만을 엄선하였다. 「근대 일본어 조선동화 · 민담집 총서」의 목록은 다음과 같다.

1. 『다치카와 쇼조의 조선 실연동화집』
   (立川昇藏, 『신실연 이야기집 연랑(新實演お話集蓮娘)』, 1926)
2. 『마쓰무라 다케오의 조선 · 대만 · 아이누 동화집』
   (松村武雄, 『朝鮮 · 台灣 · アイヌ童話集』, 1929, 조선 편의 초판은 1924년 간행)
3. 『1920년 전후 일본어 조선설화 자료집』
4. 『김상덕의 동화집/ 김소운의 민화집』
   (金海相德, 『半島名作童話集』, 1943/ 金素雲, 『목화씨』 『세 개의 병』, 1957)

위와 같이 다치카와 쇼조立川昇藏(大塚講話會 동인)의 실연(구연)동화집, 신화학자 마쓰무라 다케오松村武雄(1883-1969)의 조선동화집을 영인했다. 다음으로 『1920년 전후 일본어 조선설화 자료집』에는 조선동화집을 비롯해, 제국일본 동화 · 민담집, 세계동화집, 동양동화집, 불교동화집 등에 수록된 조선동화를 한데 모았다. 이시이 겐도石井研堂 편 『일본 전국 국민동화』(同文館, 1911), 다나카 우메키치田中梅吉 외 편 『일본 민담집日本昔話集 하권』 조선 편(아르스, 1929) 등의 일본동화집을 비롯해, 에노모토 슈손榎本秋村 편 『세계동화집 동양권』(실업지일본사, 1918), 마쓰모토 구

미松本苦味 편『세계동화집 보물선たから舟』(大倉書店, 1920), 히구치 고요樋口紅陽 편『동화의 세계여행童話の世界めぐり』(九段書房, 1922) 등 세계동화집 및 동양동화집에 포함된 조선 설화를 포함시켰다.

더불어, 편자가 발굴한 아라이 이노스케荒井亥之助 편『조선동화 제일편 소』(永島充書店, 1924), 야시마 류도 편『동화의 샘』(경성일보대리부, 1922) 등도 선별해 수록했다. 그리고『김상덕의 반도명작 동화집』과 함께, 오늘날 입수하기 어려운 김소운의 설화집(『목화씨棉の種』『세 개의 병三つの甁』)을 한데 묶어서 영인하였다.

3. 김소운「김소운 저작 선집」에 대하여

「근대 일본어 조선동화 · 민담집 총서」에서는 해방 후에 일본어로 간행된 김소운(1907.1.5-1981.11.2)의 민화집(1957년판『목화씨』와『세 개의 병』코리안 라이브러리 목근소년문고)을 처음으로 소개하였다.

김소운에 대해서는 시 · 민요, 수필 관련 연구가 주를 이루며, 설화에 대해서는 거의 연구되지 않았다. 김소운의 설화집은 모두 일본어로 발행되었기 때문이다.

김소운이 테쓰 진페이鐵甚平라는 이름으로 발표한『삼한 옛이야기三韓昔がたり』(1942),『석종石の鐘』(1942),『푸른 잎青い葉つぱ』(1942),『누렁소와 검정소黃ろい牛と黑い牛』(1943)에 관해서는, 노

영희 「김소운의 아동문학 세계 - 鐵甚平이란 필명으로 발표된 네 권의 작품을 중심으로」(『동대논총』 23집, 동덕여자대학교, 1993)가 존재할 뿐, 한국과 일본에서 관련 연구가 매우 적었다. 그러나 김소운은 민요수집과 함께, 조선 민간설화의 수집에도 계속 관심을 지녔다는 점에서 본격적인 연구가 필요하다.

김소운은 잡지 『문장』(1940) 등의 광고란에 「조선 전설자료」라는 제목으로 다음처럼 자료제공을 요청했다.

(전략) □傳童民謠 · 民譚 · 설화류와 한가지로 전설은 향토문학의 긴요한 초석입니다. 지금껏 이렇다 할 集成이 없었고 이 方面에 留意하는 몇몇분의 蒐集이 있다고 하나 이도 숨은 자료라 求得하기가 쉽지 않습니다. 이러한 성과는 대다수의 協同아니고는 바랄 수 없는 바이오니 향토의 기름진 보배를 아끼시는 마음으로 한두篇식이라도 채집에 조력해 주기시를 바랍니다. (중략) 어려서부터 들어오신 傳說, 여행하신 곳곳에서 귀에 담은 전설을 추려뫃아 주십시오. (중략) 문장에 치중치 않고 되도록이면 忠實 정확한 기술을 爲主하기로 합니다.(국어, 조선어 어느 편이라도 좋습니다)

□ 자료를 찾으신 地名, 채집하신 분의 주소 성명을 每篇마다 附記하실 일, 책으로 될때 출처를 一々히 밝히겠습니다.(中央公論社版 · 朝鮮鄕土 叢話 全四卷 · 傳說篇 採錄) (후략)

(金素雲, 「광고 조선전설자료」, 『문장』 2 - 10, 1940.12, 89쪽. 또한, 김소운은 『삼천리』 1941년 3월호, 37쪽에도 유사한 광고를 게재했다.)

위와 같이 김소운은 1940년에 중앙공론사에서 「조선향토 총화」 간행을 계획하고, 본격적으로 조선의 향토전설을 채집하였다. 실제로 김소운은 같은 출판사 잡지에 「조선향토총화」(『中央公論』 55-3, 1940년 3월)를 게재하였다. 그 후에 「조선향토총화」는 간행되지 않았지만, 김소운은 해방 전에 다섯 권의 설화 관련서를 도쿄에서 간행했고, 그 일부는 증쇄되었다. 그 서지 사항은 다음과 같다.

1. 鐵甚平, 『삼한 옛이야기(三韓昔がたり)』, 學習社, 1942.4(講談社學術文庫 1985.5, 1988.1, 5刷).
2. 鐵甚平, 『동화집 석종(石の鐘)』, 東亞書院, 1942.6, 1943.3재판, 1943.10삼판.
3. 鐵甚平, 『푸른 잎(青い葉つぱ)』, 三學書房, 1942.11.
4. 金素雲, 『조선사담(朝鮮史譚)』, 天佑書房, 1943.1, 1943.8재판(講談社學術文庫 1986.7).
5. 鐵甚平, 『누렁소와 검정소(黃ろい牛と黑い牛)』, 天佑書房, 1943.5.

『조선사담』을 제외한 4권의 책은 테쓰 진페이鐵甚平라는 이름으로 간행되었다. 이번 선집에서는 기본적으로 초판을 영인하였지만, 자료의 중요성을 감안하여 2. 『동화집 석종』은 1943년 10월의 삼판을, 4. 『조선사담』은 1943년 8월 증보판을 영인하였다. 관심 있는 독자들에게 참고가 되길 바란다.

김소운은 해방 후에도 일본에서 다수의 설화집을 간행하였고, 일본에서 익히 알려져 있다. 필자의 판권지 확인에 의하면, 그 대부분이 증쇄를 거듭해 널리 읽혔다.

1. 『韓國昔話 당나귀 귀 임금님(ろばの耳の王さま)』 세계명작동화전집34, 講談社, 1953, 1956년 5쇄.
2. 『朝鮮民話選 파를 심은 사람(ネギをうえた人)』 이와나미소년문고71, 岩波書店, 1953.12(1987년 4월 29刷, 2001년 新版1刷, 2011년 新版8刷).
3. Kim So-Un, “The Story Bag : a collction of Korean folk tales by Kim So-Un, tr. by Setsu Higashi”, Charles E. Tuttle, 1955(『파를 심은 사람』의 英譯).
4. 「불개(日の玉のムク)」, 『世界民話集』 일본아동문고41, 아르스, 1955.
5. 「금강산의 호랑이(金剛山のトラ)」, 日本文藝家協會 編, 『少年文學代表選集』, 光文社, 1955.
6. 「조선의 민화에 대하여(朝鮮の民話について)」, 孫晋泰『朝鮮の民話』, 岩崎書店, 1956(岩崎美術社, 1966년, 1972년4刷, 손진태 『조선민담집』 간략판).
7. 『목화씨(棉の種)』 목근소년문고1, 코리안 라이브러리, 1957.
8. 『세 개의 병(三つの瓶)』 목근소년문고2, 코리안 라이브러리, 1957.
9. 『아시아의 민화(アジアの民話)』 전6권, 테이프 라이브러리, 녹음교재사, 1959(테이프 포함).

10.「朝鮮編」, 浜田廣介 他編『세계의 민화와 전설(世界の民話と傳說)』6トルコ · 蒙古 · 朝鮮編, さ · え · ら書房, 1961(世界民話 여행6, 1970년1刷, 1982년10刷, 12화 수록).

11.「朝鮮民話」, 奧野信太郞 外,『少年少女世界文學全集』東洋編2, 講談社, 1961.

12.「호랑이와 토끼(トラとウサギ)」, 子どもの文學研究會 編,『よんでおきたい物語』10, ポプラ社, 1961.

목근소년문고 1, 2로 기획 간행된『목화씨』와『세 개의 병』은, 오사카의 코리안 라이브러리에서 1957년에 간행되었다. 김소운은 '초등생4학년 이상의 아동용'=목근소년문고와 함께, '고교생 이상, 일반 성인용'=목근문고를 계획했지만, 각각 두 권을 출간하고 중단되고 말았다(편집부,「연보」, 김소운 저, 上垣外憲一 · 崔博光 역,『天の涯に生くるとも』, 講談社, 1989, 334쪽).

한국의 선행연구에서는 김소운의 시와 민요에 대한 연구가 중심을 이루었다. 하지만 김소운은 다수의 설화집을 간행한 것이다. 이처럼 김소운은 1942년 4월부터 1943년 8월에 이르기까지 5권의 설화집을 집필하고 그 중 한 권은 증보판으로 새로 펴냈다. 계속해서 해방 후에도 다수의 설화집을 간행하였다. 해방 후의 설화집들은 해방 전의 자료를 다수 활용했다는 점에서 그 형성과정에 대한 연구가 선행되어야 할 것이다.

그러나 이들 자료를 모두 구하는 것은 결코 녹록하지 않다. 이번에 김소운을 라이프 워크로 하여 수십여 년 동안 연구하여, 최

근에 학위논문을 통해 이를 집대성하신 나카이 히로코中井裕子 선생님께서 소장 자료와 함께 학위논문의 핵심을 흔쾌히 제공해 주셨다. 그 핵심을 한국어와 일본어를 함께 수록하니 각 권의 내용은 이를 참고해 주시길 바란다.

지면 관계상 서문을 중심으로 분석한 글이지만, 이번 선집을 계기로 앞으로 계속해서 민요집, 번역서, 관련서를 출판할 예정이다. 이를 통해서 텍스트, 삽화는 물론이고, 김소운의 삶과 업적에 대한 재평가가 본격화 되어, 복합적이고 중층적인 한일의 정밀한 상호 교차 읽기를 통한 생산적 연구가 지속되길 바란다.

【참고문헌】

김광식 편, 『김상덕의 동화집 김소운의 민화집』, 보고사, 2018.

김광식, 『식민지 조선과 근대 설화』, 민속원, 2015.

김광식, 『근대 일본의 조선 구비문학 연구』, 보고사, 2018.

김광식, 「근대 일본의 조선 설화연구의 현황과 과제」, 『열상고전연구』 66, 열상고전연구회, 2018.

金廣植, 『韓國・朝鮮說話學の形成と展開』, 勉誠出版, 2020.

김광식, 「김소운이 주재한 첫 과외교육잡지 『아동세계』 해제」, 『근대서지』 23, 근대서지학회, 2021.

김광식, 「명랑하고 건전한 '내일의 조선'을 기르기 위하여」, 『문자와 상상』 6, 현담문고, 2021.

김광식, 「김소운의 아동잡지 발간과 조선 설화의 수록 양상 연구」, 『연민학지』 39, 연민학지, 2023.

김소운, 『물 한 그릇의 행복』, 중앙출판공사, 1968.

김소운, 『김소운 수필선집』 1, 아성출판사, 1978.

김소운, 『맨발의 인생행로』, 중앙일보사, 1981.

金素雲, 上垣外憲一・崔博光 譯, 『天の涯に生くるとも』, 講談社, 1989.

나카이 히로코(中井裕子), 「김소운 주재 과외아동잡지에 협력한 일본인들」, 『근대서지』 24, 근대서지학회, 2021.

노영희, 「김소운의 아동문학 세계 - 鐵甚平이란 필명으로 발표된 네 권의 작품을 중심으로」, 『동대논총』 23, 동덕여자대학교, 1993.

오타케 키요미, 「김소운(金素雲)의 아동문화활동」, 『인문과학연구』 21, 성신여자대학교 인문과학연구소, 2003.

中井裕子, 「金素雲の「武器なき戰い」-「朝鮮人をして朝鮮人たらしめよ」」, 同志社大學 大學院 博士論文, 2023.

村上芙佐子, 「金素雲=著作・講演・放送等年譜」, 『比較文學研究』 79, 2002.

村上芙佐子, 「金素雲關係文書資料年譜」, 『比較文學研究』 93, 東大比較文學會, 2009.

해제

김소운의 「조선향토 총서」

글 나카이 히로코中井裕子
번역 김광식

김소운의 「조선향토 총서」

나카이 히로코中井裕子

1. 머리말

김소운(1907-1981)은 일본에서 한국 · 조선 민요, 동요, 설화 등 구비문학 및 근대시 번역가로, 한국에서는 수필가로 알려져 있다. 필자는 1945년까지 김소운이 수행한 번역 및 출판을 다룬 박사 학위논문[1]을 완성했다. 학위논문에서 필자는 식민지 지배체제의 강화, 전시체제기 제국일본의 언론탄압 등 갖은 곤경 속에서도 김소운의 출판 분야는 대부분이 조선의 문화였고, 그것을 후대에 남기려는 행위였다고 결론지었다.

1 中井裕子, 「金素雲の「武器なき戰い」-「朝鮮人をして朝鮮人たらしめよ」」, 同志社大學大學院 博士論文, 2023.

김소운이 생전에 이루지 못했던 '조선향토 총서'를 이번에 김광식 씨와 공편으로 실현하게 되어, 다섯 권의 해제를 쓸 수 있는 기회를 얻었다. 현재까지 수행한 필자의 도달점을 보고 드리고자 한다.

2. 출판 경과

1) 사화(史話) 번역 시도와 그 계기

김소운의 자서전『하늘 끝에 살아도天の涯に生くるとも』에 따르면, 소운이 조선의 신화 전설, 옛이야기 관련 역사의 흔적을 정리하여 네다섯 권의 책으로 엮으려고 마음먹은 것은 중일전쟁이 일어난 1937년 가을 무렵이었다고 한다. 그리고 일본의 "중앙공론사 시마나카 사장[2]이 조선향토 총서 3권[3]의 계약을 수락해 주었다. (중략) 충분하지는 않지만, 일단 이 정도라면 새로운 출발을 위한 준비[4]가 가능했다.『삼국사기』『삼국유사』를 비롯하여『조

2 시마나카 유사쿠(嶋中雄作, 1887-1949)는 전시체제 하에서 반군국주의, 자유주의적인 자세를 견지했기 때문에 언론 탄압의 대상자가 되었다. 잡지『부인공론(婦人公論)』은 1942년경부터 시작된 치안유지법 언론탄압 사건으로 알려진 요코하마 사건으로, 1944년 7월 중앙공론사는 치안유지법에 따라 해산명령을 받아 폐간되었다.

3 잡지『문장』1940년 12월호에서는「조선전설자료」를 모집하고, 이를 中央公論社「朝鮮鄕土 叢書」제4권에 게재하겠다고 당시 계획했음을 확인할 수 있다.

4 한국어판『역려기』의 일본어 번역판 자전『하늘 끝에 살아도(天の涯に生くるとも)』

선인명사전』의 삽화까지 조사하면서 책을 쓸 준비에 여념이 없었다."고 적었다.[5]

그 준비를 위해 소운은 역사서에도 눈을 돌리게 된 것이다. 잡지『문장』(1940.2)에 실린 수필「실면한화失眠閑話」에서는『삼국사기』『삼국유사』와 같은 상식적인 책들을 이제야 읽게 되었다고 자조적으로 언급하였다. 그 무렵 일본의 잡지에도 몇 편의 번역을 발표하기 시작했다. 첫 번역은 잡지『중앙공론』(1940.3)에「조선향토 총화」라는 제목 하에 실린 '조신의 꿈', '연꽃 이야기', '후직의 무덤' 3편이다. 이듬해『신여원新女苑』(實業之日本社, 1941.9)에는「고조선의 로맨스」라는 제목으로 '도미都彌 부부', '지귀志鬼', '낙랑의 고각', '바보 온달'이 실렸다. 이들 작품은『삼국사기』『삼국유사』『고려사』를 원작으로 한 사담史譚이다.

실제로 잡지『문장』(1940.12)에 '조선전설자료'를 모집한다는 일면 광고를 싣고 나서 이듬해 3월『삼천리』에도 '조선전설자료'(원고 급히 모집, 주소 도쿄 中野區 蘇比亞書院[6])를 게재해 경성과 도쿄에서 한글로 공모를 했다. 이러한 공모 방식은『언문 조선구전민요집』(1933)이나 아동잡지 주재 시절부터 활용된 수집 방식이었다. 수집된 자료가 실제로 어떻게 반영되었는지는 확인하기 어

(講談社, 1989)에 따르면, 시즈코(靜子)와의 오랜 별거, 새로운 여성과의 결혼을 위한 비용 준비(마련).

5 김소운,「ひとひらの雲　黒い雲」,『天の涯に生くるとも』, 위의 책, 189쪽.

6 일본 상지(上智)대학을 나온 동향의 양 씨가 경영하던 나카노의 고서점(김소운,『恩讐三十年』, ダヴィッド社, 1954, 233쪽).

렵지만, 광고를 통해서 총 네 권의 설화집을 계획했음을 확인할 수 있다. 이 무렵의 사정을 김소운은 다음과 같이 회고하였다.

> 용지 사정이 극도로 궁핍하고, 일일이 출판협회의 사정査定과 승인을 받아야만 되는 시기였으니 어려움이 하나 둘이 아니었다. 특히 내 향토의 전승과 역사, 현대 서정시 등은 긴급하지 않은 한가한 일로 치부되던 당시에는 당연한 상식이었다. 그러나 그런 시대였기에 더욱 더 조국을 바르게 알리고 싶었다. 일본인에게 그리고 내 동포들에게도. 일본 땅에서 자란 동포 2세 사제들은 충무공이 누군지, 성삼문이 무슨 일을 했는지 알 길이 없었다.(『하늘 끝에 살아도』 282쪽)

여기에서 '향토의 전승과 역사'란 조선인의 민족성이 가장 잘 드러나는 것으로, 소운은 그것을 일본인과 동포, 재일조선인에게도 알리려 한 것이다.

2) 출판 규제의 강화

그러나 이후 이시카와 다쓰조石川達三의 「살아있는 병사生きてゐる兵隊」가 실린 잡지 『중앙공론中央公論』 1938년 3월호가 신문지법 41조 위반 혐의로 당일 발행금지 처분을 받았고, 이시카와도 징역 4개월, 집행유예 3년의 유죄 판결을 받게 되었다. 이것은 패전 이전의 일본문학사에 새겨진 대표적 언론탄압 사건이 되었

다. 중앙공론사도 그 대상에 포함되어, 당국으로부터 해산명령을 받음으로써, 조선향토 총서 계획은 무산되고 말았다. 그러나 이후에도 하나의 출판사가 아니더라도 기록으로 남기는 것을 최우선이라고 생각한 소운은 다섯 권의 설화집을 간행하였다.

이처럼 전시체제기에 이르러 출판계에 대한 통제와 탄압이 강화되었는데, 아동용 도서도 예외는 아니었다. 1938년 10월 내무성은 '아동 독물讀物 개선에 관한 지시 요강'이라는 세부 지침을 출판계에 전달했다. 내무성은 이 요강에서 활자 크기, 행간 등 인쇄 규정에서부터 현상모집, 광고, 부록, 삽화, 내용, 대상 연령 등을 구체적으로 지시했다. 아사오카 야스오淺岡靖央의 『아동문화란 무엇이었나』(つなん出版, 2004)에 따르면, '편집상의 주의 사항 (3)기타' 항목에 "일, 유아잡지 및 그림책에 '어머니 쪽'을 설치하고, '읽게 하는 방법', '읽은 후의 지도법' 등을 해설할 것"(95쪽)이라고 되어 있다. 실제로 『석종』에는 「각서 - 지도자 분께」, 『푸른 잎』에 「후기 - 보호자분도 읽어주세요」가 제시된 것도 이 요강에 기인한다. 김소운은 출판 절차상 금서나 복자伏字 대상이 되지 않도록 세심한 주의를 기울여 '아동독서 개선에 관한 지시요강'을 따른 것이다.

3. 출판의 실제

표지와 〈표1〉에 서지 정보를 정리하였다. 먼저 내용을 개괄하

자면, 『삼한 옛이야기三韓昔がたり』는 고구려, 백제, 신라 삼국의 사화집史話集이다. 한편, 『조선사담』에서는 고려시대(8편)와 조선시대(9편)를 다루었다. 『조선사담』 초판은 1월에 조선조 5대까지만 다루었기 때문에,[7] 같은 해 8월 증보판에서 후반부를 보충하였다. 『누렁소와 검정소黃ろい牛と黑い牛』는 고려시대와 조선시대 야사(야담)집이다.

한편 『석종』과 『푸른 잎』은 소운이 '동화집'이라고 칭한 것처럼 전래동화집이다. 다만 『석종』 중, 「해를 맞이하는 내해」, 「석종」, 「당나귀 귀 임금님」 3편은 『삼국유사』에 있는 이야기로, 본래 『삼한 옛이야기』에 들어가야 마땅하겠지만, 이야기의 전기성傳奇性이 강해서 옛이야기집에 수록한 것으로 보인다. 『석종』은 적어도 3판까지 12,500부를 발행했다. 이는 학교 추천도서 등으로 집단 구매됐을 가능성도 있다.

7 『조선사담』 초판의 마지막 이야기 「紫衣娘子」의 시대적 배경은 1450년대로 문종(제5대), 단종(제6대)의 치세에 해당된다.

〈표 1〉 다섯 권의 표지 및 서지 정보

『삼한 옛이야기』

『동화집 석종』

『푸른 잎』

『조선사담』

『누렁소와 검정소』

서명	『三韓昔がたり』	『童話集石の鐘』 『石の鐘』	『青い葉つぱ』	『朝鮮史譚』	『黃ろい牛と黑い牛』
저자명	鐵甚平	鐵甚平	鉄甚平	金素雲	鐵甚平
출판 연월일	①1942.4.25	②1942.6.20 ⑤1943.3.20재판 ⑧1943.10.20삼판	③1942.11.20	④1943.1.1 ⑦1943.8.5재판	⑥1943.5.25
출판사	學習社	東亞書院	三學書房	天佑書房	天佑書房
장정 삽화	岡村不二男	大石哲路	高野てつじ	삽화 없음	高野喆史 (てつじ)
가격	65전	1엔 30전	1엔 50전	2엔	1엔 60전
인쇄 부수	불명	각 5천 부 재판 2,500부	천5백 부	5천 부 재판 3천 부	5천 부
비고	學習社文庫 시리즈			상자「鬪犬圖」 표지 뒷표지에 마패	제목 없음 여백에 동요 17편

(단지 이 서지정보는 필자가 입수한 책에 한정.)

저자명은 앞서 언급한 바와 같이, 철진평鐵甚平(테쓰 진페이)이라는 필명으로 네 권, 『조선사담』만 김소운金素雲으로 간행되었다. 출판 연도는 1942, 43년에 집중되어 있다. 발행부수는 『삼한 옛이야기』는 학습사문고 시리즈 중 한 권으로 발매되어 확인할 수 없지만, 동아서원 『석종』은 3판까지 총 12,500부가 발행되었고, 천우서방[8] 『조선사담』은 초판과 증보판을 합쳐서 8천 부, 삼학서방 『푸른 잎』은 1,500부, 『누렁소와 검정소』는 5천 부로 필자가 소장한 책만 보더라도 대략 3만 부 이상이 유통되었다.

또한 이 출판을 시간 순으로 다시 정리하면 ①『삼한 옛이야기』 → ②『석종』 → ③『푸른 잎』 → ④『조선사담』 초판 → ⑤『석종』 재판 → ⑥『누렁소와 검정소』 → ⑦『조선사담』 증보판 → ⑧『석종』 삼판이다. 『석종』의 재판 및 삼판 내용이 초판과 동일한지는 확인하지 못했지만, 『조선사담』은 초판과 증보판이 다르다. 이에 대해서는 후술하겠다.

삽화 작가는 『삼한 옛이야기』가 오카무라 후지오岡村不二夫[9], 『석종』은 오이시 테츠로大石哲路[10], 『푸른 잎』과 『누렁소와 검정

---

8 천우서방에서는 鐵甚平이라는 필명으로 마쓰시로한 가로(松代藩 家老) 온다 다미요리(恩田民親)의 史傳 『恩田木工』도 출판되었다.

9 오카무라 후지오(岡村不二夫)는 1904년 사이타마현 출생. 서양화가 후지시마 다케지(藤島武二, 1867-1943)에게 배우고, 가와바타 그림학교에서 수학. 아동서의 장정과 삽화, 문예서의 장정 등을 다수 작업. 패전 후에는 夫二로 개명하고 新潮社 촉탁으로 전문 장정가의 선구자가 되었다. 수필 『북의 강 · 남의 바다(北の河 · 南の海)』 등.

10 오이시 테츠로(大石哲路, 1908-1990) 일본화가, 동화가, 五元미술연맹 회장. 본적은 후쿠오카현 기타큐슈시. 본명은 테츠로(大石鐵郎), 가와바타 그림학교 졸업, 1941년 제1회 항공미술 遞信大臣賞 수상. 패전 후에는 화가로 활동하며 한일교류 고원미술

소』는 다카노 테츠지高野喆史[11]이다. 『누렁소와 검정소』는 책등에만 제목이 있고 표지에는 없다. 1943년 열악한 종이 질, 인쇄용 잉크 부족 등 당시의 출판 상황을 단적으로 보여준다. 『조선사담』은 삽화가 없는 대신, 책상자에 김홍도 작품으로 추정된 '투견도'[12]가 사용되었다. 음영법을 도입한 선구적인 면과 뒷면의 쇠사슬에 묶인 투견을 식민지 조선인의 상징으로 이중적으로 감상할 수 있는 장정이다.

이 다섯 권의 출판을 통해 소운이 1930년대 조선의 야담 붐을 일본에서도 일으키려고 기도했다고 생각된다.

4. 동화집 『석종石の鍾』과 『푸른 잎青い葉つぱ』의 출판 배경

1) 일본민속학의 의도와 조선인 측의 저항

일본민속학을 대표하는 야나기타 구니오柳田國男 민속학의 발전은 당시 대만을 비롯한 식민지의 전설과 설화 수집 열기로 확

연맹을 결성.

11 다카노 테츠지(高野喆史, 1901-?) webcatplus에서 패전 후 간행서로 45권을 검색할 수 있다. 전쟁 중에는 5권으로 동화집 『흰 강가의 아이들』, 『소국민을 위한 꿀벌』 등의 삽화를 담당. 패전 후에는 글과 삽화를 함께 담당하는 아동문학가로 활동. 소운과의 인연은 『흰 강변~』이 삼학서방에서 출판되었고, 출판사와 관련되었을 가능성도 있다.

12 한때는 김홍도의 그림이라는 주장도 있었지만, 현재는 부인되고 있다.

대되었다. 가와무라 미나토에 따르면, 야나기타는 '대동아공영권'의 개별 민족의 민속학은 일본민속학을 지탱하는 손과 발의 역할을 하였다. 그러나 일본민속학이 일본인에게 갖는 의미, 스스로 자신을 알려는 자기 확인, 자기 각성이라는 의미를 그대로 대만인, 조선인, 만주인에게도 제공하는 것은 아니었다. 그것은 오로지 얼마나 우리 일본인이 가진 것과 가까운가 라고 하는 친소親疎 관계의 정도에 따라 측정되는 것일 뿐이었다. 일본민속학을 비교민속학의 견지에서 상대화하는 시각을 가진 것이 아니었다고 주장했다.[13]

역으로 말하자면, 식민지인이 자신의 민속학을 탐구하는 것은 스스로 자신을 아는 자기 확인, 자기 각성의 의미를 그 민족에게 부여할 수 있는 위험한 학문이었다고 할 수 있다.

김광식의 조사에 따르면, 일본어 조선설화집은 1910년대에 9권, 1920년대에 26권, 1930년대에 4권, 1940년대에 16권이 간행되었다. 이 중 총 5권이 김소운에 의한 것이다.[14]

먼저 다카하시 도오루高橋亨가 『조선의 물어집物語集 부이언附俚諺』(日韓書房, 1910)에 이어 증보판 『조선의 이언집俚諺集 부물어』(同, 1914)를 간행했다. 조선총독부 학무국 편집과 주도로 『조선의

13 川村湊, 『「大東亞民俗學」の虛實』, 講談社, 1996, 10쪽.

14 金廣植, 『植民地期における日本語朝鮮說話集の研究』(勉誠出版, 2014), 第3篇 朝鮮民俗學會の成立と民俗學者の活動 第2章 「朝鮮民俗學會の成立とその活動」, 367-398쪽 참고.

수수께끼 - 조선민속자료 제1편』(1919), 그 부록으로 다나카 우메키치田中梅吉의 『수수께끼의 연구 - 역사와 그 양식』(1920)이 발행되었다. 조선총독부는 '조선민속자료 제1편'으로 『조선의 수수께끼』(1919)를, 제2편 『조선동화집』(1924)을 간행한다. 이것들은 총독부, 학교, 관헌의 네트워크를 활용해 수집한 것으로, 일본어교육자 아시다 에노스케芦田惠之助 등도 당시 총독부 일본어 교과서(『국어독본國語讀本』)에 채택하는 등 조선인의 이해와 지배를 위해 조선 설화를 통치에 활용하였다.

이에 대해 조선인 측의 주체적인 수집도 시작된다. 김광식에 따르면, 조선인의 민속자료 수집은 일본인의 움직임에 대응하여 본격화 되었고, 1932년 조선민속학회가 설립되었다.[15] 회원은 송석하, 손진태, 정인섭, 아키바 다카시, 이마무라 도모 등이며, 회지 『조선민속』도 제3호까지 발행되었다. 김소운 역시 조선민속학회 회원이라는 직함으로 신문과 잡지에 글을 기고한 적이 있으므로 조선민속학회 회원으로서의 활동에 초점을 맞출 필요가 있는데, 이는 향후 과제로 남겨두고자 한다.

조선민속학 회원 정인섭은 일본어판 『온돌야화』(일본서원, 1927)[16]에 채록한 46편의 설화집을 조선인으로서는 처음으로 일본어로

15 金廣植, 『植民地期における日本語朝鮮說話集の硏究』(勉誠出版, 2014), 第3篇 朝鮮民俗學會の成立と民俗學者の活動 第2章 「朝鮮民俗學會の成立とその活動」, 367-398쪽 참고.

16 이후 정인섭은 증보판 『溫突夜話 〈韓國民話集〉』(三弥井書房, 1983)을 간행하였다.

간행했고, 손진태도 일본어판 『조선민담집』(향토연구사, 1930)[17]을 간행한다. 손진태는 그 서문에서 "우리는 한시라도 빨리 이를 집대성해야 할 의무와 책임을 충분히 느끼고 있었지만, 좌우간 세상사는 뜻대로 되지 않았고 그저 인멸해 가는 모습만 지켜볼 뿐이다"고 초조함을 토로하였다. 『조선민담집』은 45명의 수집자로부터 155편의 설화와 부록(원전, 본문 색인, 담화, 기고자, 인용 원문 색인)을 수록하였으며, 현재 '동아시아 비교문화연구의 금자탑'으로 평가받고 있다. 정인섭과 손진태의 수집은 구술자, 제공자의 많은 협조가 필수적인 지난한 작업이었을 것으로 추정된다. 김소운의 『언문 조선구전민요집』에는 손진태 등이 제공한 민요도 수록되었다. 그리고 제공자들의 협력에는 나날이 제국에 포섭돼 가는 식민지인들의 정체성 유지에 대한 의식이 있었다고 생각된다.

2) 『석종』, 『푸른 잎』에 제시된 소운의 주장

『석종』에서는 지금 일본이 커다란 시련에 직면해 있다며 "북으로 남으로, 모든 일본의 관심이 날개를 펴고 있는 것은 든든한 일이지만, 주변을 단단히 다지는 것이 더 중요한 일이라고 생각한다." 고 당부를 했다. 그리고 각 작품에 대한 해설과 분류에 대

---

17 손진태(1900-1960년대 중반?). 金廣植, 위의 책, 손진태 저작 목록을 참고.

해 간단히 덧붙인 후, 서로를 더 많이 이해하는 것이 중요하다고 말하면서 옛이야기를 "먼 옛날부터 우리들이 계승해온 마음의 계도系圖라고 말하며, 일본의 옛이야기와는 전혀 다른 마음의 계도가 있다고 주장하였다.

여기에 수록된 옛이야기가 그 중요한 역할을 조금이라도 할 수 있다면 기쁘게 생각합니다. 옛이야기는 먼 옛날부터 우리들이 계승해온 마음의 계도입니다. 얼마나 다른지, 또한 어디가 같은지, 그것도 비교해 봅시다.

소화17년[18] 6월 진페이

계속해서『푸른 잎』의「서문」에서는 "산에서 땔감을 줍는 아이들이 해질녘이 돼 돌아올 때, 장작을 잔뜩 쌓아올린 무거운 지게를 짊어지며"라는 동요가 인용되었다. 이 동요는 김소운이 아동 잡지에도 소개한 내용이다.

건너편 산이여, 끌어 다오.
뒤쪽 산은 밀어 다오.
정강이도 힘내라, 어기여차 (중략) 지금 우리가 보기에는 상당히 우스꽝스러운 이야기도 있습니다. 하지만 잘 생각해 보면, 각기

18 1942년

뭔가 숨겨진 의미도 없지만은 않습니다. 그 중에서 특히 재미있는 이야기를 17개만 모은 것이 이 책입니다.

정강이도 힘내라, 어기여차라는 구호를 통해 아무리 무거운 짐이라도 버틸 수 있게 됩니다. 더 좋은 일본을 만들기 위해, 마음을 하나로 모아 어기여차 하며 힘을 내세요.

조선에서 태어난 아이들도, 내지內地의 아이들도.

동요의 정신을 '대일본제국'의 운영과 연결시키는 강압적인 「서문」인데, 23쪽으로 장황하다. 원고가 책이 되어 독자에게 전달되기까지의 긴 과정을 설명하고 나서, 일단 책을 손에 넣으면 "저와 여러분 사이에는 눈에 보이지 않는 깊은 마음의 연결이 오가는 것입니다." "형태보다 더 중요한 것은 마음입니다. 눈에 보이지 않는 깊은 마음입니다. 조선에서 태어난 아이들, 내지의 아이들이 서로 뭉치면 일본은 지금보다 훨씬 더 강해질 수 있습니다. 더 큰 일을 할 수 있습니다."라고 이상을 피력했다. 그러나 한편으로는 조선 김은 맛없다고 단정 짓거나, 도쿄에서 양질의 일본 소고기라고 판매하지만, 실제로는 조선 소고기라며, 그 맛을 있는 그대로 평가할 수 있다면 "일본은 지금보다 더 즐겁고 아름다운 나라가 될 수 있지 않을까요." 하고 묻는다. 암시적으로 조선민족 멸시에 대해 항의하는 것으로도 읽힌다. 그리고 450만 조선 학령기 아동들의 '국어'(일본어) 실력을 우려해 옛이야기의 활용을 고안해, 초등학교 5학년 수준보다 쉬운 표기로 한자를 줄이고, 논어와 천자문 등을 전한 백제의 왕인 박사와 일본어 초기 가나 표시법(만엽가나万葉假名)의 역사를 설명하면서, 한자와 '국어'에 대한 자신의 견해도 밝혔다.

또한 옛이야기를 수록한 『석종』 『푸른 잎』에서는 조선 민중의 우주관, 자연관, 인생관이 반영된 설화의 지혜가 전해진다. 그 배경에는 손진태, 송석하, 정인섭 등 민속 연구자들의 민족주의적 민속학과 제국의 헤게모니 하에 놓인 민속학과의 대립, 애란愛蘭(아일랜드) 문예부흥운동에 고무된 조선민족의 독자성 회복을 위한 야담 및 설화 수집과 제국의 팽창적 포섭 역학이 맞부딪쳤다. 그러나 김소운은 일본인이 헤게모니를 쥐어 가는 조선민속학회와 멀어졌고, 손진태도 이후에 새로운 연구를 모색했다.[19]

중일전쟁 이후, 식민지 조선의 병참기지화가 진전되는 가운데, 김소운은 겉으로는 그 어느 쪽에도 속하지 않는 입장(이중 구속상태)에서 무엇보다 출판을 도모했다. 조선의 고유한 것과 설화 보급을 통해 비현실적이라 여겨지는 일본인과 조선인의 대등한 상호 이해, 마음의 교류를 염원하며 다음 세대에 전달하려고 한 것이다.

소운은 불개 무쿠, 큰뱀과 두꺼비, 할아버지와 감, 재주 겨루기 등 아이들의 흥미를 끄는 소재 중에서도 교육적인 교훈담과 우화를 중시했다. 일본식으로 '메데타시 메데타시(경사났네 경사났어)'로 끝나며 카타르시스를 주는 설화, 몰입해서 들으며 힘든 현

19 金廣植, 앞의 책, 第3編 第2節 「等身大としての孫晋泰」, 331-358쪽.

실을 잠시 잊고 내일의 활력을 얻을 수 있는 설화를 선택해, 이야기 장場은 사라져도, 조선어가 말살될 위기에도 그곳에서 주고받던 이야기꾼과 청자의 문화 교류를 이으려고 했다.

또한 소운의 문체는 원전(한문이나 고전)의 취지를 그대로 살리되, 어린이와 청소년이 알기 쉬운 동화풍의 구연체로 기술되었다. 이는 손진태의『조선민담집』, 정인섭의『온돌야화』의 청개구리 이야기[20]와 비교해 보면 바로 확인할 수 있다. 이처럼 소운의 번역은 '반창작半創作'이라 해도 과언이 아닐 정도로 개작되어 아동용 독서물로 일본에서 정평을 얻게 되었다.

20 『석종』의「강가의 무덤(河べりのお墓)」은 손진태『朝鮮民譚集』의「청와전설(青蛙傳說)」, 정인섭『溫突夜話』의「青蛙」와 같은 소개를 다루었지만, 문체는 다르다.

金素雲の「朝鮮郷土叢書」

中井裕子

1. はじめに

金素雲（1907-1981）は、日本では朝鮮民謡・童謡、民話などの口碑文学や近代詩の翻訳家として知られ、韓国では随筆家として知られている。筆者は、1945年までの金素雲の翻訳・出版活動を博士論文の対象にして検討した。そのなかで、植民地支配体制の強化、戦時体制期の帝国日本の言論弾圧などの困難の中、金素雲が出版を実現しようとしたものはほとんど朝鮮文化であり、それを次世代に残そうとした行為だったと筆者は結論づけた。

今回は、当時実現できなかった「朝鮮郷土叢書」が、金廣植氏の御尽力で再現でき、五冊の解題をさせていただく機会をいただいた。現在までの到達点を報告させていただく。

2. 出版に至る経過

1) 史話の翻訳の試みとその動機

自伝『天の涯に生くるとも』によると、素雲が「朝鮮の神話伝説、昔噺、それに、歴史の落穂《隠》を一とほり整理して、四、五冊の書物をまとめようと思ひ立つたのは、ちやうど支那事変のはじまつた昭和十二年の秋ごろであった」という。また、「中央公論社の嶋中社長[21]が、朝鮮郷土叢書三巻[22]の契約を受け入れてくれた。（略）充分でないけれど、とりあえずこの程度でも新たな出発[23]の路用の準備ができたということだ。/『三国史記』『三国遺事』を初

---

21 嶋中雄作（1887-1949）。戦時体制下では反軍国主義、自由主義的な姿勢を貫いたため、厳しい言論弾圧の対象となった。雑誌『婦人公論』は1942年ごろからの治安維持法言論弾圧事件として知られる横浜事件によって、1944年7月、中央公論社が治安維持法による解散命令を受け廃刊となった。

22 雑誌「文章」1940年12月号では、「朝鮮伝説資料」を募集し、それを中央公論社「朝鮮郷土叢書」の第四巻に掲載するとしているので、その頃までは計画通りだった。

23 『天涯』によると、静子との別居期間が長引き、新たな女性との結婚を企図した時の費用である。

めとして、『朝鮮人名事典』の挿話まで調べながら、本を書く準備にせわしなかった。」[24]とある。（以下、文中の下線は筆者による）

その準備のために素雲は歴史書にも目を通すようになった。雑誌『文章』（1940.2）掲載の随筆「失眠閑話」では、「『三国史記』『三国遺事』などの常識的書物をようやく読むようになった」(論者試訳)と自嘲的な調子で語っている。その頃、日本の雑誌にもいくつかの翻訳を発表しはじめた。最初の翻訳は雑誌『中央公論』（1940.3）に「朝鮮郷土挿話」と題して掲載された「調信の夢」「蓮花話」「后稷の墓」の三作である。翌年の『新女苑』（実業之日本社1941.9）には「古朝鮮のロマンス」と題して「都彌夫婦」「志鬼」「楽浪の鼓角」「愚温達」が掲載された。これらは『三国史記』『三国遺事』『高麗史』を原作とする史譚の翻訳である。因みに、『中央公論』掲載の「蓮華話」を、小説家の志賀直哉が記憶に残し、能に改作しようとして作品を探し、再掲載したという逸話がある[25]。

実際に雑誌『文章』（1940.12）には「朝鮮伝説資料」募集の一頁広告を出し、京城宛送付を企図し、また翌41年3

24　随筆「ひとひらの雲　黒い雲」(『天の涯に生くるとも』講談社学術文庫, 1989）189頁。以後『天涯』と略記。

25　朝日新聞日曜版、1965年6月20日

月雑誌『三千里』に「朝鮮伝説資料（原稿の至急募集・中野区蘇比亜[26]書院気付）」と京城・東京でハングルによる公募を懸けている。このような公募方式は『諺文朝鮮口伝民謡集』や児童雑誌主宰時代からの蒐集方式である。それが掲載作品に反映したかは不明であるが、この一頁広告の内容を見ると、途中までは募集作品を「第四巻」として出版するつもりだったことがわかる。このころの事情を金素雲は以下のように回想している。

用紙事情が極度に逼迫していて、いちいち出版協会の査定と承認を承けねばならぬ時期だったので、困難な条件は一つや二つではなかった。ことに、私の郷土の伝承と歴史、現代抒情詩のごときは、不急不要の閑つぶしとみなされるのが、その時代としては当然の常識であった。しかし、そうした時代であればこそ、祖国をより一層正しく世に知らせたかった。日本人にも、また私の同胞にも。日本の土地で育った同胞の二世師弟らは、忠武公が誰であり、成三問がなにをした人か、知るべくもなかった。」（『天涯』282頁）

「郷土の伝承と歴史」は朝鮮人の民族性がもっともよく

26 「上智を出た同郷の梁さん」が経営していた中野の古本屋（随筆「ブリタニカ」『恩讐三十年』1954, ダヴィッド社, 233頁）

表れているものであり、素雲はそれを日本人にも同胞にも、在日朝鮮人にも伝えようとしたのである。

2) 出版規制の強化

しかし、その後、石川達三「生きてゐる兵隊」掲載の雑誌「中央公論」1938年3月号が新聞紙法41条違反容疑で即日発禁処分となり、石川は起訴され、禁錮4か月、執行猶予3年の有罪判決を受ける。これは戦前の日本文学史に残る言論弾圧事件となった。中央公論社自体もこの対象となって、のちには当局から解散命令を受けるような時局になったため叢書の計画は挫折した。それでも、統一感無しの出版となっても、書き残すことを第一義と考えた素雲の意志によって、五冊の民譚集が世に出た。

このように、戦時体制期に至って出版界への統制・弾圧体制が強化されていったが、児童読物も例外ではなかった。1938年10月に、内務省は「児童読物改善ニ関スル指示要綱」という細部にわたる指示を出版界に提示した。内務省は、この要綱で、活字の大きさ、行間など印刷規定から懸賞・広告・付録（オマケ）・挿絵・内容・対象年齢などこまかく規定した。浅岡靖央『児童文化とは何であったか』（つなん出版、2004）によると、「編集上の注意事項(3)　その他」の中には「一、幼児雑誌及ビ絵本ニ『母の頁』ヲ設ケ、『読ませ方』『読んだ後の指導法』等ヲ解説スルコト」(P95)とある。『石の鍾』に「おぼえがき一指導者方へ一」、『青い葉つぱ』には「あとがき一保護者方もお読みください」があるのもこの要綱のためである。金素雲は出版手続き上、発禁や伏字対象にならないよう、細心の注意を払い「児童読物改善ニ関スル指示要綱」に従ったと思われる。

3. 出版の実際

以下の（表１）に表紙と書誌情報を掲載した。まず内容を概説すると、『三韓昔がたり』は百済・新羅・高句麗の鼎立時代の史話である。『朝鮮史譚』では高麗（８話）、朝鮮時代（９話）を駆け足で辿っている。なお、『朝鮮史譚』は1月の初版では李朝五代しか書けなかった[27]ので、８月の増補版で補充するほど出版を急いだ。『黄ろい牛と黒い牛』は、高麗・朝鮮時代の野史（野談）である。（以後5冊を『三韓』『石鐘』『青葉』『史譚（初）』『史譚（増）』『黄黒』と略記）

27　『史譚』初版の最終話「紫衣娘子」の時代は1451~1453年代で文宗（五代）端宗（六代）の治世にあたる。

（表１）五冊の表紙と書誌情報

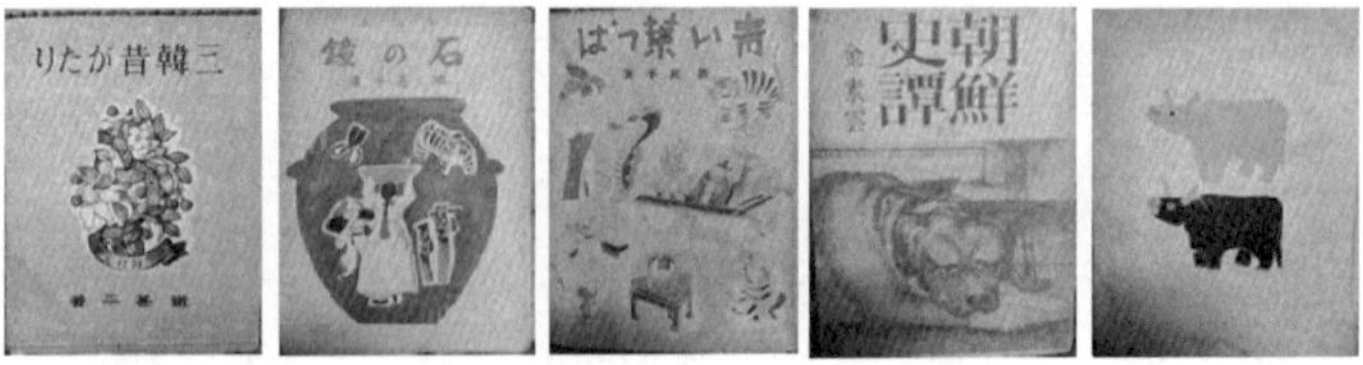

題名	『三韓昔がたり』	童話集『石の鐘』	童話集 『青い葉っぱ』	『朝鮮史譚』	『黄ろい牛と 黒い牛』
作者名	鐵甚平	鐵甚平	鉄甚平	金素雲	鐵甚平
出版年月日	①1942.4.25	②1942.6.20 ⑤1943.3.20. 再版 ⑧1943.10.20. 三版発行	③1942.11.20	④1943.1.1 ⑦1943.8.5. 再版	⑥1943.5.25
出版社	学習社	東亜書院	三學書房	天佑書房	天佑書房
装幀挿絵	岡村不二男	大石哲路	高野てつじ	挿絵無し	高野喆史 （てつじ）
価格	六十五銭	一圓三十銭	一圓五十銭	二圓	一圓六十銭
印刷数	不明	5000部 再版2500部	1500部	5000部 再版3000部	5000部
備考	学習社文庫 シリーズ			箱に「闘犬図」 表裏表紙に 馬牌	表紙題字無し 余ページに童謡 17編

（但し、この書誌情報は論者が入手している本に限る）

一方、『石鐘』『青葉』は、素雲が「童話集」と冠しているように、昔話集である。但し、『石鐘』中、「日を迎へるいりうみ」「石の鐘」「ろばの耳の王さま」の三作は『遺事』に記事のある史話で、本来なら『三韓』に入るべき物語だが、素雲は話の伝奇性の強さから昔話に加えたようだ。『石の鍾』は三版まで刊行され、定価が10銭下がり、12,500部の大部の発行となるなど発売効果が高い。これは学校の推薦図書になるなど集団購入の可能性もある。

作者名は前述したように鐵甚平名で四冊、『史譚』だけが金素雲である。出版年は1942、43年に集中している。発行部数は、学習社『三韓』の場合学習社文庫シリーズ中の一冊なので不明だが、東亜書院『石鍾』は三版まで計12500部が発行され、天佑書房[28]『史譚(初)』『史譚(増)』は8000部、三學書房『青葉』1500部、『黄黒』5000部とあるので、筆者の所有本だけみてもおよそ3万部以上が市中に流通したことになる。

28 この出版社は金素雲が鉄甚平の名で執筆した松代藩家老恩田民頼の史伝『恩田木工』も出版した。

また、この出版を時系列に並べ直すと、①『三韓』→②『石鍾』→③『青葉』→④『史譚（初）』→⑤『石鍾』再→⑥『黄黒』→⑦『史譚（増）』再版→⑧『石鍾』三版となる。この『石鍾』の二・三版の内容が初版と違うかは不明だが、『史譚（増）』は増補版で内容が違う。それについては後述する。

挿絵画家は、『昔がたり』が岡村不二夫[29]、『石鐘』は大石哲路[30]、『青葉』と『黄黒』が高野てつじ（喆史）[31]である。『黄黒』は背表紙だけにしか題名が無い。1943年の紙質の悪さ、印刷インクの不足など、当時の出版状況を物語っている。『史譚』は、挿絵がない代わりに、化粧箱に金弘道作とされた「闘犬図」[32]が用いられている。陰影法を取り入れた先駆の側面と、背後の「鎖に繋がれた闘犬」を植民地朝鮮人の象徴と二重に鑑賞することの出来る

---

29 1904年埼玉県生れ。藤島武二に師事、川端画学校に学ぶ。児童書の装幀や挿絵、文芸書の装幀などを数多くてがけた。戦後は「夫二」と改名し、新潮社嘱託として装幀家の先駆けとなった。随筆『北の河・南の海』など。神楽坂のアトリエを保存して、ご令孫がギャラリーとされた。

30 (1908―1990) 昭和期の日本画家, 童画家 五元美術連盟会長。本籍は福岡県北九州市。本名大石 鉄郎、川端画学校卒、1941年第 1.回航空美術逓信大臣賞。戦後は画家として活躍し43年日韓交流五元美術連盟を結成。

31 (1901-？) webcatplusでは、戦後に45冊が検索できた。戦中は5冊で、童話集『白い河原の子供たち』『少国民のための蜜蜂』などの挿絵を担当し、戦後は文章と挿絵をともに担当する児童文学作家として活躍した。素雲との縁は『白い河原~』が三學書房での出版だったことが関係しているかもしれない。

32 当時は金弘道作とされたが、現在は否定されている。

化粧箱の装丁である。

筆者は、この五冊の出版活動に、金素雲が30年代に起きた野談ブームを、宗主国でも巻き起こそうとする企図を仮定している。

次に、一冊ずつ検討・分析を加えるが、大別して野史三冊と昔話二冊に大別する。

4.『石の鍾』『青い葉つぱ』の出版背景

⑴ 日本の民俗学の狙いと朝鮮人側の抵抗

柳田民俗学の発展は、当時の台湾を始めとする植民地の伝説・昔話の蒐集熱へと拡大していく。川村湊によれば、柳田は「大東亜共栄圏」の個々の民族の民俗学は「『日本民俗学』を支える手足の役割を果すものであり、それは自立した“頭”を持つべきものではない。（中略）日本民俗学が日本人にとって持つ意味、自ら自身を知るという自己確認、自己覚醒という意味を台湾人自身に、朝鮮人、満州人に与えるものではなかったのだ。それはもっぱら『どれ位我々日本人の持つてゐるものと近さがあるか』といった親疎の程度によって測られるものであり、日本民俗学を比較民俗学の立場から相対化するという視野を持つものではなかった」[33]という。

逆に言えば、植民地人が自らの民俗学を追究することは、「自ら自身を知るという自己確認、自己覚醒という意味」をその民族に与えかねない危険な学問と言える。

金広植の調査によると、日本語朝鮮説話集は1910年代９冊、1920年代26冊、1930年代７冊、1940年代16冊刊行された[34]。うち延べ６冊[35]が金素雲による。

まず、高橋亨が『朝鮮の物語集』（日韓書房、1910）『朝鮮の俚諺集』（日韓書房、1914）を刊行した。朝鮮総督府の主導下、『朝鮮の謎－朝鮮民俗資料第一篇－』（1919）、その付録として田中梅吉『謎の研究「歴史とその様式」』（1920）が出版された。朝鮮総督府は「朝鮮民俗資料第一編」と称して『朝鮮の謎』（1919）を、第二編『朝鮮童話集』（1924）を刊行する。これらは、総督府、学校、官憲のネットワークを用いて収集されたもので、国語学者芦田恵之助らも教材としての採用を工夫するなど、朝鮮の民譚は朝鮮人理解に資すもので、統治に利用できるものだった。

これに対して朝鮮人側の主体的な収集も始まる。金広植によると、朝鮮人による民俗資料収集は日本人に刺激され

33　川村湊『「大東亜民俗学」の虚実』（講談社、1996）10頁。

34　前掲書、36頁。

35　金廣植は、『朝鮮史譚』初版と増補版に分けて六冊としている。

て始まり、1932年４月には「朝鮮民俗学会」が設立された[36]。会員は宋錫夏・孫晋泰・鄭寅燮で、後に秋葉隆・今村鞆・金素雲も入会した。会誌『朝鮮民俗』も３号まで発行された。金素雲は、一時期朝鮮民俗学会員の肩書で新聞・雑誌に投稿しているので、彼の朝鮮民俗学会員としての活動に焦点を当てる必要があるが、今後の課題とする。

朝鮮民族学会員鄭寅燮は、『温突夜話』（日本書院1927）[37]で、聞き取りによる46話を収めた翻訳民話集を朝鮮人で初めて出版し、孫晋泰[38]は『朝鮮民譚集』（郷土研究社1930）を刊行する。孫は自序で「我々は一時も早くこれを集大成せねばならぬ義務と責任とは十分感じ居るも兎角世事は意の如くならず徒に滅び往く其姿を見つめるのみ」という焦燥感を語っている。本書は、45人から蒐集した155編と付録（原典、本文索引、談話・寄稿者名簿・引用原本索引）を収め、現在では「東アジアにおける比較文化研究の金字塔」と評されている。鄭や孫の収集は、語り部、採録者の広い協力が欠かせない困難な作業

36　金廣植『植民地期における日本語朝鮮説話集の研究』（勉誠出版、2014）第３篇朝鮮民俗学会の成立と民俗学者の活動」第2章「朝鮮民俗学会の成立とその活動」367−398頁。

37　1983年に増補も加えて『温突夜話〈韓国民話集〉』として世界民間文芸叢書別巻として三弥井書房から刊行されている。

38　1900~1960年代半ば？　金廣植によると、孫の研究の全容は、数回著作目録が作られたが完全でなく、全貌を明らかにすることを課題としている。

だったと推測される。また、孫は、金素雲が収集した『諺文 朝鮮口伝民謡集』にも自分の収集した民謡を提供して協力した。そして、これら提供者の協力の動機には、日々帝国に包摂される植民地人の正体性保持意識があったと思われる。

(2)『石の鍾』、『青い葉つぱ』での素雲の主張

『石の鍾』では、今日本が大きな試練の時期にあるとして、「北へ、南へ、全日本の関心が翼をひろげつつあるのは頼もしいかぎりですが、足もとをしっかりと踏みしめてかかるのは、もっと大切な事柄かと考えられます。」と注意している。そして、各作品の解説や分類を簡単に加えたあと、相互にもっと理解し合うことが大切だと語っているが、昔話を「遠い昔から私たちが受けついで来た『こころの系図』」と喩え、日本の昔話とは全く違う「こころの系図」があるとしている。

ここにある古いお話が、その大切な役目を、少しでも果してくれたらうれしいと思ひます。「昔ばなし」は遠い昔から私たちが受けついで来た「こころの系図」です。どんなにちがふか、どこが同じいか—、それもしらべてみませう。

昭和十七年六月　　　　　　じんぺい

(四) 東亞日報 十一年二月十八日

黃牛黑牛

尹白南

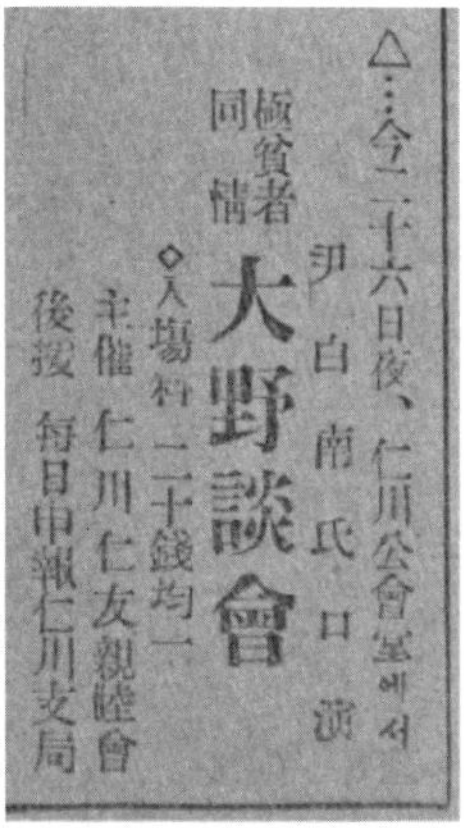

△…今二十六日夜、仁川公會堂에서
尹白南氏口演
極貧者同情
大野談會
◇入場料二十錢均一
主催 仁川仁友親睦會
後援 每日申報仁川支局

右：尹白南口演「大野談会」広告(毎日申報19350126)
左：尹白南「黃牛黑牛」(東亜日報19360218)

次に『青い葉つぱ』「はしがき」では、「山で薪をとる子どもたちが、日暮になつて、いざかへらうといふとき、薪を一ぱい積んだ重いしよいこを背おひながら」唱えるという童謡が引用される。これは金素雲自身が児童雑誌でも紹介した童謡である。

向ひの山よ《擬人呼びかけ》　引いてくれ、／うしろの山は　押してくれ、　／すね　も　ふんばれ、うーんとこしよ　」（中略）今の私たちから見れば、ずゐぶんばかばかしいやうな話もあります。けれども、よく考えてみると、それぞれになにかしら、かくれた意味をもつていないものはありません《二重否定》。その中から、とりわけおもしろいと思はれるお話を、十七だけあつめたのがこの本です。//「すねもふんばれ、うーんとこしよ。」—このかけごゑの前には、どんな重い荷物だって背おへないということはありません《二重否定》。よい上にもよい日本を作るために、心を一つに合はせて、「うーんとこしよ」と力を出し切ってください。／朝鮮に生まれた子供たちも、内地の子供たちも《倒》。

これは、童謡の精神を大日本帝国の運営に結びつける強引な「はしがき」だが、23頁と長い。原稿が本となって読者に届くまでの長い工程を説明し、一度手に入ったら「著者とみなさんの間には、著者と、みなさんの間には、深い、目に見えない心のつながりが取り交わされるのです。」「形よりも、なお大切なのは心です。目に見えない奥底の気持ちです。朝鮮に生れた子供たち、内地の子供たちが、りくつなしに一つになり切れたら、日本は、いまよりも、もっともっと強くなります。もっと大きな仕事ができます。」と理想を語る。しかし、一方で、朝鮮海苔は味が悪いという決め付け、東京の「神戸肉」と書いてあっても実は朝鮮牛で、その美味しさをそのまま評価出来たら「日本は、いまよりも、もっと楽しい、美しい国に、なれるとは思いませんか」と問いかけている。暗に朝鮮民族蔑視に対して抗議しているとも読める。そして、四百五十万の朝鮮の学齢児童の「国語の力」への危惧から古い童話の活用を考え、小学5年より易しい表記で、漢字を減らしたこと、論語と千字文を伝えた百済の王仁博士や万葉仮名の歴史を説きつつ漢字と国語についての持論も述べている。

また、ほぼ「民話」を収録した『石鍾』『青葉』では、朝鮮における民衆の宇宙観、自然観、人生観が反映した昔話の知恵が伝達される。この蔭には、孫晋泰、宋錫夏、鄭寅燮ら民俗学研究者の民族主義的民俗学と帝国のヘゲモニー下におかれた民俗学との対立、愛蘭文芸復興運動に鼓舞された朝鮮民族の独自性回復のための野談民譚収集と帝国の大アジア主義の包括力学とのせめぎ合いがあった。しかし、孫晋泰とは違い金素雲は日本人がヘゲモニーを握る朝鮮民俗学会を間もなく離れ、孫晋泰もまたのちに独自の研究を進めていくことになる[39]ように、植民地人としての「ガラスの天井」は突き破ることはできなかった。

1938年段階で、植民地の物資と人力の兵站基地化が進む

39 金廣植、前掲書第3編第2節「等身大としての孫晋泰」331—358頁。

なか、金素雲は、表向きそれらのどちらにもつかない立場—二重拘束状態《ダブル バインド》—で何よりも出版の実現を図った。朝鮮独自のものや日本と共通する民話の普及を通じて、非現実的とも思われる日本人と朝鮮人の対等な相互理解、「心の交流」を願い、次の世代に伝え継ごうとした。

素雲の翻訳対象の選択のポイントは、「火の犬のムク」「大蛇とヒキガエル」「おじいさんと柿」「わざくらべ」など子供の興味関心を引く題材のなかにも、教育的効果のある教訓や寓意を重視した点である。「めでたしめでたし」で終ってカタルシスが得られる民話、没頭して聞くことで辛い現実をしばし忘れ明日の活力を得られる民話を選び、語りの現場は失われても、また、朝鮮語が抹殺される危機が近づいても、そこに授受されていた語り手と聞き手の文化の交流を引き継ごうとした。

また、素雲の翻訳文体は、原典(漢文や古典)の趣旨は変えず、子供・青少年に分かりやすい童話風の語り聞かせ文体となっている。それは、孫晋泰『朝鮮民譚集』、鄭寅燮『温突夜話』の青蛙伝説[40]と比較してみるとよくわかる。このように素雲の翻訳は、「半創作」と言って過言でないほど修正が施され、児童読物として定評を得たと考える。

40　『石の鐘』の「河べりのお墓」は、『朝鮮民譚集』に「青蛙伝説」、『温突夜話』に「青蛙」として所収。他にもいくつも重なっているが、紙幅の関係上割愛する。

영인

동화집 석종
童話集 石の鐘

賣價一圓三十錢（稅込）

童話集

石の鐘

鐵甚平著

鐵 甚 平

童話集

石の鐘

「石の鐘」の　はじめに

「桃《もも》太郎」や「花咲爺《はなさかぢぢい》」なら、知らない人はありません。古い昔から日本のこどもたちは、かういふお話にそだてられて、やさしいこころ、強いこころを、作り上げて來たのです。

昔から朝鮮にも、よいお話がたくさんありました。その中から、とりわけうつくしいお話、おもしろいと思はれるお話を、二十一だけ集《あつ》めたのが、この童話集です。

朝鮮に生れたこどもたちも、內地の子たちも、これからは一つに手を

とりあつて、ますますよい日本をつくるために、力をつくさねばなりません。そのためには、私たちどうし、もつともつと、おたがひを、よく知ることが大切です。

ここにある古いお話が、その大切な役目《やくめ》を、少しでも果《はた》してくれたらうれしいと思ひます。

「昔ばなし」は遠い昔から私たちが受けついで來た「こころの系圖《けいづ》」です。どんなにちがふか、どこが同じいか――、それもしらべてみませう。

昭和十七年六月

じんぺい

目次

装幀・さしゑ　大石哲路

日を迎へるいりうみ

迎日灣《げいじつわん》――日《ひ》を迎《むか》へるいりうみは、朝鮮の東南《ひがしみなみ》にあります。お魚《さかな》や鯨《くぢら》がたくさんとれるので、名高いところです。

日本海の大海原《おほうなばら》――。

その遠い海のはてから、きらきら朝日がさしのぼります。十五夜お月さんも、海からのぼります。そのひかりをまともに受けて、しづかに波をたたえてゐるいりうみ――。千にも萬にも碎《くだ》けるかと見える、ひかりの波のうつくしさ。

「なるほど、わかつた。それで、日を迎へるいりうみか。よい名をつけたものだな。」

さう、誰でも思ふでせう。ところが、まだほかに、この名のいはれがあるのです。

遠いむかしのお話です。

このいりうみの岸邊《きしべ》に若い漁師《りょうし》夫婦が暮《くら》してゐました。貧しいけれど仲のよい、それはそれは、よく働く夫婦でした。

ある日のことです。いつものやうに、漁師はびくを下げて、海邊に出ました。風が凪《な》いで、よい天氣です。

波打ぎはに、大きな岩がありました。その岩に腰をおろして、さて、

けふは、どの邊へ網《あみ》を入れようかなと、思案《しあん》をしてをりますと、おや、おや、どうしたことでせう。岩がむくむく動きます。動いて、ずんずん海へ出て、そのまゝ波の上を走ります。

漁師はびつくりしましたが、どうすることもできません。

「これは大へん、一たい自分は、どこへ運ばれてゆくのだらう。」

だんだん遠くなつてゆく海邊をふりかへりながら、漁師は心ぼそさに氣をもんでをりました。それにもかまはず、ふしぎな岩は、波の上をまつしぐら、東の方へ進みます。

やがて岩が着いたのは、大和の國の海邊です。大きな岩が、お船のやうに、人を乘せて來たのを見て、大和の人たちは、おどろきました。

「えらいことぢや、岩が人を乘せて來た。」

「一たい、どこから來たんだろ。」

「海の神さまかも知れないよ。」

「それとも、龍宮《りゆうぐう》のおつかひかな。」

「どつちみち、ただの人ぢやない。これはきつとお偉《えら》い方だよ。」

「さうだ、さうだ。偉い方に違ひない。」

若い漁師をとりまいて、大和の人たちは大さわぎです。その時、一人の老人が、みなを押《お》しづめて申しました。

「みんなよく聞いてくれ。この海邊には、私たちの頭《かしら》に立つお殿さまがゐられない。それで私たちは、偉い方の見えるのを、けふがけふまで待つてゐた。きつとこのお方は、神さまが私たちにつかはされたに違

ひない。けふから、お殿さまに迎へて、私たちの土地を治《をさ》めていただかうではないか。」

「それがいい、それがいい。よいところへ氣がついた。」

海邊に住んでゐる人たちは、一人のこらずさんせいです。そこで漁師は、その日から、この土地の殿さまになつて、りつぱな御殿に迎へられることとなりました。

けれども、若い殿さまは、さびしくてなりません。ふるさとの海邊に一人とりのこされてゐる妻のことを思ふと、御殿住《ずま》ひも樂しくありません。ごちそうも、おいしくありません。いまごろはどうしてゐるだらう。どんなに歎《なげ》いてゐるだらうと、そればかり思ひつゞけて、胸を痛《いた》めてをりました。

こちらは漁師の妻です。

夫のかへりが、おそいので、海邊をたづねてまはりましたが、どこにも姿が見えません。聲《こゑ》をかぎりに呼んでも見ましたが、答へるものは波の音ばかりです。

「どうしたのだらう。どこへ行つたのだらう。もしや、波にさらはれたのではあるまいか。」

さう思ふと氣が氣ではありません。そのうち、ふと目についたのは、波打ぎはにぬぎ棄《す》ててある、見なれた一足の草履《ざうり》です。

「やつぱりさうだ。どうしたらよいだらう。あの方は、波にさらはれたのだ。」

漁師の妻は、悲しさに、傍《かたはら》の岩の上へ泣伏《なきふ》してしまひました。夫の名を呼びながら、さめざめと泣きしづんで、時のたつのもわすれました。するど、またもや、漁師の妻を乘せたまま、その岩はふはりと浮んで海へ流れてゆきました。どのくらゐたつたのでせう。氣がついたときはもうちやんと、大和の國の海邊に、岩が着いてゐたのです。

それも漁師が運ばれたのと同じ海邊です。一度ならず二度までも、不思議な岩が人を乘せて來たのを見て、こんども大和の人たちは、わいわいと、さわぎました。間もなく、それが、お殿さまの奥方だとわかると、みんなは、うやうやしく迎へて、御殿へ案內をいたしました。

思ひがけぬ妻のすがた、思ひがけぬ夫のすがたに、二人のよろこびはいかばかりでせう。夢かとおどろき、手をとりあつて、しばらくはうれ

しなみだに、かきくれたのでした。

漁師夫婦が、かうして大和へ運ばれてからといふもの、朝鮮では夜も晝もないまつくら暗《やみ》がつゞきました。そのきみわるさつたらありません。空にはお日さんも、お月さんも見えません。何もかもがまつくらで、何もかもが長い夜です。

人間といふ人間は、みな部屋《へや》の中にとぢこもつて、寒さに震《ふる》へてをりました。

鳥も飛びません。けものも穴から出て來ません。

草や木まで、葉を垂《た》れて、いまにも枯れ死《じに》しさうです。

「大へんなことになつた。このままでは、一つ殘らず生きものが死絶《しにた》え

てしまふ。どうしたらよいだらう。」

國ぢゆうの人たちが、途方《とはう》にくれて、さわぎ立ててゐるとき、一人のお年寄《としより》が申しました。

「日と月の精《せい》が大和へうつられたのぢや。船を仕立《した》てて、すぐにもお迎へしてまゐるがよい。さうすれば、もとのやうに、日も月もかがやくやうになる。」

漁師とばかり思つたのが、實はお日さんの精《せい》でした。その妻が月の精なのはいふまでもありません。そこで、さつそくにも、大和の海邊に使ひが差立《さした》てられることになりました。腕《うで》のすぐれた船頭たちが、涯《はてし》もない荒波を押《おし》わたつて、幾日かののち、使者を大和へ運びました。

もとの漁師、いまでは大和の海邊の殿さまになつてゐる日の精は、は

るばるつかはされた使者の言葉を聞いて、氣の毒さうに申しました。

「それはかわいさうだ。みんなが、どんなに困つてゐることだらう。だが、自分がこの土地に運ばれたのは、神さまのおぼしめしてある。いまさら、かへるといふことは出來ない。そのかはり、よいものを上げよう。妻の織《を》つた綾帛《あやぎぬ》がここにある。これを持ちかへつて、天に祭るがよい。さうすれば、日月《じつげつ》はもと通りになる。」

さういつて一疋《いつぴき》の綾帛《あやぎぬ》を使者の手に渡しました。

朝鮮へかへつた使者は、王さまの前にその帛《きぬ》をさし出して、いはれた通りを申上げました。そこで王さまが、手づから帛を天に祭り、お祈《いの》りをささげましたところ、いまのいままで、ひかりを消してゐたお日さんやお月さんが、もとのやうに空にあらはれ、生きものといふ生きものが、

やつとげんきを取りもどすやうになりました。

そのことがあつてから、このいりうみを「日を迎へるいりうみ」と呼ぶやうになりました。一度うしなつたひかりを、またお迎へしたといふ意味です。幾千年も古い、むかしの語《かた》りぐさをそのままに、いまもかはらぬうつくしさで、お日さん、お月さんは、迎日灣の波に、てりはえてゐるのです。

火の玉のむく

人間の世界に、いろいろな國があるやうに、空の上にもいくつかのちがつた國があるのだと、昔の人は、さう、かんがへました。

そこで、空の國のお話です。

「くらがり國《こく》」といふのも、そのうちの一つでした。名前の通りこの國には、光といふものがありません。明けても暮《く》れてもまつくらがりです。年《ねん》がら年《ねん》ぢゆう、まつくらがりです。

くらがり國の人たちは、くらがりに慣《な》れてをりました。物音《ものおと》を聞きわ

けたり、手さぐりで探《さが》しあてたりすることでは、みんな名人《めいじん》です。けれども、ほんたうのところは、誰もかれもが、うんざりしてをりました。はてしのないくらやみには、あきあきしてをりました。

「光がほしい。光がほしい。晝《ひる》と夜《よる》のけぢめがほしい。」

こころの中で、さう思はないものは一人もありません。くらがり國の王さまとて、光がほしいのは同じことです。

「人間の世界には、お天道《てんどう》さんや、お月さんがある。何んとかして、あの光を、手に入れる工夫《くふう》はないものだらうか。」

王さまは、いつも、このことばかりを考へてをりました。

くらがり國には、たくさんの犬が飼《か》はれてゐましたが、中でも一匹、

とりわけ賢《かしこ》くて勇ましいむくいぬがありました。お社《やしろ》の前のこまいぬのやうな、大きな口をしてをりました。その口は、どんな熱い火の玉でも平《へい》氣《き》でくはへることができるのです。それでくらがり國の人たちは、この犬のことを「火の玉のむく」と呼んでをりました。そればかりではありません。火の玉のむくの四本の脚《あし》は、まるで鐵《てつ》の柱《はしら》です。何百里といふ道のりを、またたく間《ま》に駈《か》けてしまふ速さでした。

「さうだ。あの火の玉のむくなら、お天道さんをもぎとつて來られるかも知れない。」

王さまは、それに氣がついて、さつそく家來たちに相談《さうだん》をしました。家來たちは膝《ひざ》を打つて、王さまの智慧をほめたたへました。

――それです。そのほかによい工夫はありません。あの火の玉のむくなら

きつと大丈夫です。ほんたうによいところへお氣がつきました。」

誰もかれもがさう請合《うけあ》つて、まるでもう、お天道さんを、取つて來たやうなさわぎです。王

さまは御《ご》満悦《まんえつ》で、その場《ば》からすぐにも、火の玉のむくを旅立《たびだ》たせるやうにと、おいひつけになりました。

火の玉のむくは、勇み立つて遠い旅に上りました。ずゐぶん遠《とほ》い旅でした。火の玉のむくの速足《はやあし》でも、二年はかかる道のりです。

それでも、勇ましいむく犬は休まず旅をつづけました。そし

て、とうとう、お天道さんのかかつてゐる、人間の世界の空にまでたどりつきました。

お天道さんはもう目の前です。紅《あか》い大きな火の玉が、らんらんと燃えてゐました。火の玉のむくは、大きな口を近よせて、お天道さんを食ひちぎらうとしました。燃えたぎつてゐる火の玉を、一度にくはへることはできません。それで少しづつ、そろそろとくはへました。

けれども、その熱いこと熱いこと、やつと口一ぱいにお天道さんをくはへては見たものの、さすがのむく犬も、もう我慢《がまん》ができません。そのままでは熱さのために、いまにも體《からだ》ぢゆうが溶《と》けてしまひさうです。それであきらめて、一度くはへたお天道さんをまた吐《は》き出してしまひました。

とても、こんなことでは、お天道さんをもぎ取るなど思ひもよらない。

――さう思つて、火の玉のむくは、仕方なくなく、くらがり國へ歸つてゆきました。

火の玉のむくが、歸つて來たのを見て、王さまはたいそうざんねんがりました。「それなら、月へゆけ、月なら熱くはないだらう。」と、火の玉のむくは休む間もなく、こんどは、月へやられることになりました。

長い長い旅のあとで、火の玉のむくは、またもや人間の世界の空にやつて來ました。月は蒼白《あをじろ》いひかりをたたへて空にかかつてをりました。

なるほど、月は熱くはありません。こんどは大丈夫だらうと、火の玉のむくは、まんまるい月のそばに口を持つてゆきました。そして、お天道さんのときのやうに、そつとくはへてみました。

ところが、どうでせう。その冷《つめた》いこと、まるで氷のかたまりです。そ

れでも我慢をして、口一ぱいに月をくはへるにはくはへました。けれども、その上のしんばうはできません。體ぢゆうがいまにも凍《こほ》つてしまひさうです。火の玉のむくは、こんどもやつぱりあきらめて、月を吐き出したまま、またすごすごと、もとのくらがり國へ、歸つてゆきました。

火の玉のむくが、むだ足をして歸つて來たのを見ると、くらがり國の王さまは、がつかりしました。けれども、光がほしいとおもふ氣持はかはりません。取れないものとわかれば、なほのこと、ほしくなります。そこで、またもや追《お》ひ立てるやうにして、火の玉のむくを、お天道さんへやりました。

こんどもやつぱりだめでした。お天道さんのそばまで行つて、口にく

はへてみただけて、火の玉のむくは、やつぱり手ぶらで歸りました。

月へ、またまたやられましたが、やつぱり同じことてした。長い長い旅の間、こんどこそと意氣《いき》ごんでも、いざ口にくはへてみると、とても我慢ができません。それほど月は冷たいのです。

五度、十度、二十度と、同じことが繰《く》りかへされました。何べん行つてもだめでした。さうなると、王さまののぞみは、いよいよ強くなるばかりです。

お天道さんは熱すぎるし、お月さんは冷たすぎる――。いかに勇ましい火の玉のむくでも、こればつかりはできないのです。けれども、ひかりがほしい一心から、くらがり國の王さまは、いつまでたつてもあきらめません。何百ぺん、しくじつても、何千べん、やりそこなつても、いまに

きつと、お天道さんや、お月さんを、自分のものにしてみせるのだと、しうねんぶかくねらつてゐるのです。火の玉のむくも、もうすつかり年をとつて、昔の元氣はありません。それでも、王さまのいひつけで、やつぱり遠い空の旅を、いつまでもつづけてゐるといふことです。

日食や月食のあるたびに、昔の人は空を見上げて申しました。

「火の玉のむくがまたやつて來たぞ。だけれど、やつぱりだめさ。いまに見てゐてごらん。またもとのやうに、吐き出してしまふから――」

その通りです。一度光を消して、暗くなつたお天道さんや、お月さんは、またぢきに、もとのかがやきにかへります。くらがり國の王さまには、お氣の毒ですけれど、何十萬年たつても、私たちは、このうつくしい

かがやかなひかりを、火の玉のむくに取られてしまふやうなことは、まづありません。

金のつなのつるべ

さびしい山里に、お母さんと、まだ小さい四人の姉妹《きやうだい》が、くらしてゐました。

姉娘《むすめ》が、日《へ》スニ、二ばんめが月《タル》スニ、そのつぎが星《ピョル》スニ、――一ばんすゑの妹は、赤ちやんでまだ名がありません。

ある日、お母さんは、遠《とほ》い市《いち》へ出かけることになりました。それで、娘たちに、よくよく、おるすをいひつけました。

「日スニや、月《タル》スニや、それから星《ピョル》スニや、お母さんがもどるまで、こ

の戸をあけてはいけませんよ。このあたりには、わるい虎がゐますからね。」

ところが、ちやうどそのとき、お家《うち》のそとを、一匹の虎がとほりかかりました。そして、お母さんの出かけてゆくところを、ちやんと見てしまひました。

虎は、おなかが空《す》いてゐました。何か食べるものはないかと、穴《あな》から出て來たところでした。

「これは、いいあんばいだ。ひさしぶりで、けふは腹一つぱいどちそうになるかな。」

それから、しばらくたちました。もう、よいじぶんだと思つたので、虎はやさしいつくり聲《ごゑ》で、ことことと戸をたたきました、

「日《へ》スニや、月《タル》スニや、それから星《ビョル》スニや。お母さんが、いまもどつたよ。ここをあけておくれ。」

けれどもどこか、お母さんの聲《こゑ》とはちがひます。それで日《へ》スニは、お家《うち》の中からききました。

「お母さんなら、そんなへんなこゑではないはずよ。ほんたうにお母さんなの。」

すると虎は、答へました。

「ほんたうのお母さんだとも。お母さんはね、お祝ひによばれて、歌をうたつて來たんだよ。それで聲がつぶれたのさ。」

こんどは、月《タル》スニがききました。

「そんなら、ほんたうにお母さんかどうか、眼《め》を見れば、ぢきわかるわ。」

それをきくと、虎は、ふしあなのところから、眞赤《まつか》な眼だまをのぞかせました。月《タル》スニはびつくりしてたづねました。

「どうして、お母さんの眼はそんなに赤いの。」

「まあ、まあ、何をいふのだね。」――虎は、すこしあはてて、いひわけをこしらへました。

「本家《ほんけ》に行つて、唐《とう》がらしを臼《うす》に搗《つ》いて來たんだよ。眼の中に唐がらしが入つたから、それで赤いのだよ。」

「そんなら、手を見せてくださいな。ほんたうのお母さんかどうか、わかるから――。」

一ばんおしまひに、星《ピヨル》スニがいひました。虎はさういはれると、戸のすきまから、もぢやもぢやした黃ろい手をにゆつと出して見せました。

「あら、あら、お母さんの手がどうして、そんなに黄ろいんだろ。」

「それはね、となりの村で、かべ塗《ぬ》りのおてつだひをしたんだよ。それで黄ろいんだよ。」

虎は、こんども、うまくいひぬけをして、まんまと、娘たちをだましました。

三人の姉妹《きょうだい》は、そこで、あんしんをして、戸のかんぬきをはづしました。お母さんに化《ば》けた虎は、お家《うち》の中へ入つて來るなり、赤ちゃんを抱《だ》きとつて、お台どころにゆきました。

しばらくすると、お台どころから、ごろん、ごろんと、のどをならすやうなきみのわるい音がしました。

「お母さん、なにをしてゐるの。」

さういひながら、娘たちはお台どころを、のぞきました。するとどうでせう。お母さんとばかり思つたのは、黃ろい大きな虎です。虎はまへあしで赤ちやんをあやしながら、さもさもうれしさうに、舌なめずりをしてをりました。

「なんでもないんだよ。おへやにおとなしくしておいで。お母さんがいまに、おいしいごちそうを上げるからね。」

ぎらぎらする大きな目でふりかへりながら、虎はさういひました。娘たちは、こはくてこはくて、なりません。

「どうしたらいいかしら。いまにわたしたちまで、食べられてしまふ。」

娘たちは、大いそぎで、裏《うら》からそつと逃《に》げました。ぬきあしさしあし、お井戸のそばの、銀杏《いてふ》の木の上にかくれました。ここなら、虎も、氣が

つきません。

そのうちに、虎は、娘たちのゐないのに、氣がつきました。

「日《ヘ》スニや、月《タル》スニや、星《ピョル》スニや。お前たちは、どこへ行つたのだい。」

さう呼びながら、お家《うち》の中を、あちこちさがしてまはりました。けれども、どこにも見えません。しまひに虎は裏へ出て、お井戸の中をのぞきました。

銀杏《いてふ》の木の上にかくれてゐる、娘たちのすがたが、お井戸の水にうつりました。それで虎はとうとう、娘たちを見つけ出してしまひました。

「まあ、まあ、お前たちは、そこでなにをしてゐるんだい。どうしたら上《のぼ》れるか、お母さんにも教へておくれ。」

虎が、さうききましたから、姉娘の日スニが、高い木の上で申しました。

「戸だなの中の、ごまあぶらを、幹《みき》に塗《ぬ》つたらいいぢやないの。」

それをきくと、さつそく虎は、戸だなの中から油つぼを持つて來て、それを木の幹に塗りました。けれどもすべつて上《のぼ》れません。

「いい子だから教へておくれ、どうしたら上《のぼ》れるのだい。」

虎はもう一度、枝を見上げてききました。そのとき、月《タル》スニが、ついほんたうのことを教へてしまひました。

「物おきの手《て》斧《おの》で、ぎざぎざをつけたら、すべらなくなるわ。」

虎は、大よろこびで、教はつたとほりにしました。そして手斧で足がかりをつけながら、だんだんと木の上に上つて來ました。

「助けて下さい神さま。金《きん》のつなのつるべを、どうぞおろしてください。」

三人の姉妹は、天の神さまに、さういのりました。すると、ほんたうに金のつなのつるべが、雲《くも》の上からするするとおりて來ました。三人の娘たちは、そのつるべに乘つて、あぶないところを助けられ、雲のうへに上つてゆきました。

虎も負けずに、おいのりをしました。

「わたしにも、つるべを、どうぞおろしてください。」

すると、こんども雲の上から、やつぱりつるべがおりて來ました。けれども、それは、腐《くさ》れづなのつるべでした。

虎を乘せた腐れづなのつるべは、半分も空へとどかないうちに、ぷつんと切れてしまひました。まつさかさまに、虎がおちたのは、ちやうど

黍畠《きびばたけ》の上でした。きびがらの根のところが、まだらになつてゐるのは、そのときの虎の血《ち》が、ついたあとだといふことです。

三人の娘は、空へ上つて、神さまからそれぞれ、お役目をさづかりました。そして、名まへのとほりに日や、月や、星になつて、世界ぢゆうを照らすことになつたと、いふことです。

大蛇とひきがへる

氣だてのやさしい娘《むすめ》がありました。お母さんをやしなひながら、貧《まず》しいくらしを立ててゐました。

ある日のこと、娘がお台《だい》どころで、お釜のご飯《はん》をうつしてをりますと、そこへどこからか、ひきがへるが一匹入って來ました。のそりのそりとゐざるやうにして、娘のそばまで來ると、ひきがへるはぴよんと跳《と》んで、かまどの上にのりました。

かまどの上には、うつすときにこぼれたご飯つぶがありました。ひき

がへるは、さもうまさうに、そのご飯つぶを食べました。

「まあ、まあ、お前は、おなかが空《す》いてゐるのかい。そんなら、もつと上げようね。」

娘はさういつて、お匙《さじ》に半分ほど、ご飯を落してやりました。ひきがへるは、のどをぴくぴくさせながら、きれいに、そのご飯を食べました。

その日から、娘と、ひきがへるは、仲よしになりました。もう、ひきがへるはどこへも行きません。お台どころの隅《すみ》つこを、わが家《や》にして、まいにち娘の手から、ご飯をもらつては食べてをりました。

一年あまりもさうしてゐるうちに、ひきがへるも、だんだん大きくなりました。

この村には昔から、わるい大蛇の巣があつて、みんな困つてをりました。田畑は荒らされる、牛や馬はさらはれる。それどころか、いままで女や子供が、この大蛇のために、いのちをおとしたことも一どや二どではありません。

大蛇の住んでゐるのは、村はづれの岩山の穴です。うでじまんの弓引《ゆみひき》やてつぱう打が、その穴の前にかはるがはる乘り込んで來ては、大蛇をたふさうとしましたが、一人として退治たものはありませんでした。

來る年も來る年も、大蛇のためになやまされて、村の人たちは生きたここちもしません。いつ出て來るか、いつ誰がさらはれるかと、びくびくしながら暮してをりました。

ひきがへると仲よしの娘は、村の人たちの困つてゐるのを見るに見か

ねて、いつからか、こんなことをかんがへるやうになりました。

「どうかして、村の人たちのなんぎを救ひたい。何か、よい工夫はないだらうか。」

さう思つて、こころをくだきましたけれど、弓やてつぱうでさへ、退治の出來ないものを、かよわい娘の力で出來るどうりがありません。とうとう娘は、村のなんぎを救ふために、自分からいのちを捨てやうと、決心をしました。

「さうだ。大ぜいの人たちが助かるなら、自分ひとりはどうなつてもよい。わたしは自分から大蛇に食べられよう。そして、これを最後に、二どと村を荒さぬやう、まごころこめて、たのんでみよう。弓やてつぱうではかなはないまでも、まごころはきつととほるにちがひない。」

娘はさう決心して、ある日、誰にも知れないやうに、一人で家を出て行きました。仲よしのひきがへると、別れるとき、娘は涙をふきながら申しました。

「お前とも、ながいこと、仲よく暮して來たけれど、もうけふかぎりでお別れだよ。これからは、お前にご飯を上げる人もない。おなかの空いたときは、自分で食べるものをさがすのだよ。」

人間のことばが、わかるはずはないけれど、娘は、友だちにでもいふやうに、やさしくいつて聞かせました。ひきがへるは、かまどのそばにうづくまつたまま、娘のかほを、ただぢつと見上げてゐるばかりでした。

娘は岩山の大蛇の穴のまへにやつて來ました。おそろしいのも、かな

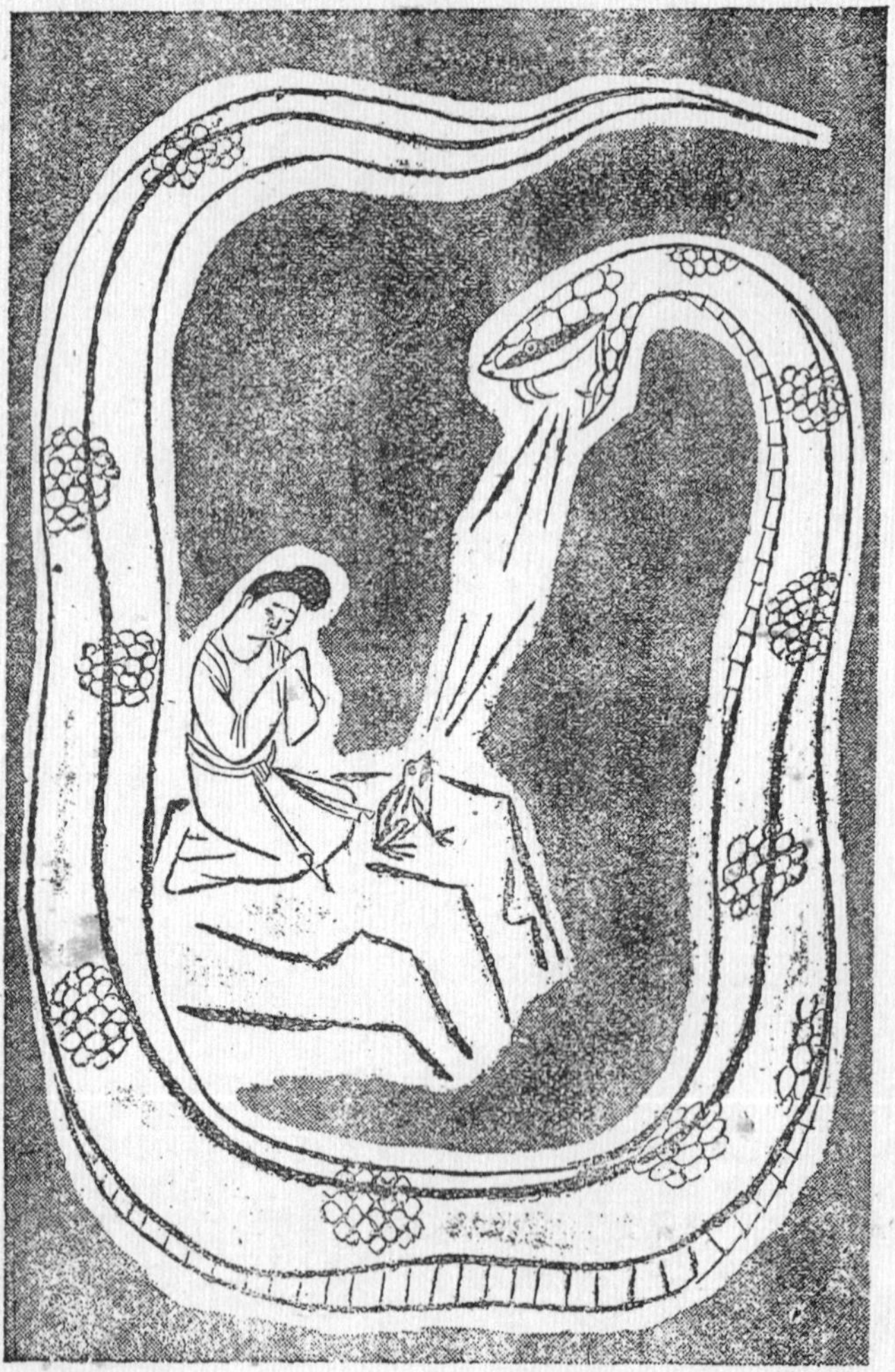

しいのもわすれて、村を救ひたい一心から、娘は穴のまへにすすみよりました。

「わたしは村の人の身がはりになつて自分からいのちを捨てに來たのです。どうか、わたしを食べてください。そのかはり、もうこれからは二どとふたたび、村の人たちを困らせないでください。」

娘のいのりは、ながいことつづきました。そのうちに夜になつて、あたりはだんだん、暗くなつて來ました。

すると、まもなく、大きな地ひびきを立てながら、大蛇が穴から出て來ました。青光りのするうろこ、ぺろぺろ燃えるあかい舌――。一目《ひとめ》、そのおそろしいすがたを見ると、娘はその場に氣を失つて、たふれてしまひました。その時です。

一すじの白い毒氣《どくけ》が、大蛇に向つて吐《は》き出されました。それは娘と仲よしの、ひきがへるでありました。いつのまに來たのか、ちやんと娘のそばに、ひきがへるはうづくまつてをりました。そして、小さな體《からだ》から毒を吐いて、娘をまもらうとしてゐるのでした。

大蛇も負けずに毒を吐きかへしました。ひきがへると大蛇が、たがひに吐き合ふ毒氣は、二すじの槍《やり》のやうに、はげしくからみました。勝負はなかなかつきません。一じかん、二じかん――。同じ毒氣が兩方から吐きつゞけられました。つるぎの刄音《はおと》も、氣合《きあひ》のこゑもない、それだけにかへつて、ひきがへると大蛇のたたかひは、すさまじいものでありました。

そのうちに、大蛇の口から吐き出される毒氣は、だんだん弱《よわ》くなつて

來ました。それに引きかへて、ますますさかんに毒を吐いてゐるのはひきがへるです。それでもまだしばらくは、にらみ合ひがつゞきました。

やがて、大きな音を立てて、大蛇は岩山から落ちました。落ちて、長い體をのた打つと見る間に、息《いき》が絶《た》えて死んでしまひました。それと一しよにひきがへるも、力つきてその場にたほれました。

娘はほどなく、村の人たちにかいほうされて、息をふきかへしました。ひきがへるの身代《みがは》りで、あやふい命《いのち》をたすけられたのは、娘一人ではありません。それからは、わるい大蛇の祟《たた》りもなく、氣の毒な目にあふ人もなくてすむやうになりました。さうして、みんなが何のしんぱいもせずに、樂《たの》しくくらすことが出來ました。

恩をかへした虎

大きな虎《とら》が道ばたで、うんうんうなつてをりました。

ちやうどそこへ、通りがかつた書生《しよせい》さんが、どうしたわけかと近よつて、虎のやうすをのぞきました。

すると、虎は涙《なみだ》をぼろぼろこぼしながら、口をあけて見せました。のどのおくにとげがささつて、見るからに痛《いた》さうです。

「かわいさうに、それでうなつてゐるのだな。」

書生さんは、手をさし入れて、そのとげをぬいてやりました。

「ありがたう、ありがたう、おかげでほんとに、助かりました。」

さうと、口ではいひません。けれども虎は涙をうかべ、地べたに頭をすりつけて、なんべんも、なんべんもおじぎをしました。そして、あとをふりかへり、ふりかへり、山の方へすがたをかくしました。

その晩《ばん》のことです。

書生さんの夢《ゆめ》まくらに、ついぞ見かけたことのない、娘のすがたが見えました。

「わたしはけふの虎です。あなたのやさしいごしんせつで、なんぎをたすけてもらひました。いまにきつと、このご恩《おん》は、おかへししたいと思ひます。」

さういつたかと思ふと、そのまま夢はさめました。

それから何年か、たちました。

學問をはげんでゐた書生さんも、いよいよ都《みやこ》へ上《のぼ》つて、試驗《しけん》をうけることになりました。國ぢゆうから、大ぜいの人たちがあつまります。その中から、みごと試驗をとほるのは、なかなか容易《やうい》ではありません。どうかして、うまくゆくやうにと、書生さんはこころでいのつてをりました。

けれども、やつぱりだめでした。何しろ大ぜいの人たちです。試驗に落《お》ちて、書生さんは、がつかりしてしまひました。

「はるばる都まで出て來たけれど、しかたがない、かへつてからもう一度、學問をしなほさう。」

さうあきらめて、いよいよあすは、くにへかへるといふその晩、いつぞやの娘のすがたが、またもや夢にあらはれました。

「書生さん、げんきをお出しなさい。まだまだあきらめるのは早いですよ。こんどこそ、昔のご恩をかへします。あした都に虎が出て、あばれまはります。それがわたしです。どんな鐵砲《てつぽう》打ちでも、わたしを仕《し》とめることはできません。さうなれば、きつと王さまは、ごはうびをかけて、虎を退治《たいぢ》するものはないかと、おふれをまはすでせう。そのとき、あなたが名乘《なの》つて出て下さい。そして、かまはず一發、どんと鐵砲を打つて下さい。きつとわたしにあたりますから。」

それを聞いて、書生さんはびつくりしました。

「とんでもない。わづかな恩をかけたからとて、何もいのちまですてて

もらふことはないよ。」

「いいえ、さうではありません。」

娘のすがたのままで、虎は申しました。

「わたしは、壽命《じゆみよう》がつきて、もうこの先ながいことはありません。どうせのことに、あなたへ、ご恩がへしがしたいのです。何もおつしやらずに、わたしのいつたとほりなさらなくてはいけません。」

「でも、そんなことがどうして出來よう。自分の手がらをたてるためにそんなひきようなことは出來ない。」

書生さんは、どうしても聞《きき》いれようとはしません。すると虎はおこつたやうに、きつぱりといひました。

「わからない人ですね。あなたが、そんなことをおつしやれば、わたし

のまごころもむだになります。どうぞ、わすれずにいまいつたとほりになさつて下さい。それから、怪我《けが》をする人がきつと出來ます。その人たちには、興輪寺《こうりんじ》のお味噌《みそ》をつけて上げて下さい。ぢきになほりますから。」

さういつて、なんべんもねんを押《お》して、娘のすがたが見えなくなつた

ところで、夢がさめました。

ふしぎな夢もあるものだと、書生さんは、おちつかぬ氣持《きもち》で、あくる日を待《ま》ちました。すると、ほんたうに夜明けごろ、都に虎が出て、大さわぎになりました。弓引《ゆみひ》きや、鐵砲打《てつぱう》ちが、どんなにねらひをつけても、虎をたほすことが出來ません。そのうちにだんだ

んと、怪我人がふえて、さわぎは、ますます大きくなりました。

王さまは、とうとうたまりかねて、都ぢゆうに、おふれを出しました。

「誰でもよい、この虎をたほす者には、千石のはうびと、高い位《くらゐ》をさづけよう」

王さまのおふれには、さう書かれてありました。

書生さんは、ゆうべの夢をおもひ出して、王さまの前に申し出《い》でました。

「私めが虎を仕《し》とめてお目にかけます。」

そこで、王さまのおゆるしが出て、書生さんは、虎のあばれてゐる都《みやこ》の大通《おほどほ》りに出てゆきました。

そして、ねらひも、ろくろくつけずに、一發《いつぱつ》どんと、鐵砲を打ちます

と、いまのいままで、あばれてゐた虎が、ころりとたほれてしまひました。

虎を仕とめたお手がらで、書生さんはその日から、位をさづけられ、千石のごはうびまでいただきました。虎にかまれて怪我をした人たちには、興輪寺のお味噌を塗《ぬ》つて、立ちどころになほして上げましたから、國ぢゆうの大へうばんになりました。

かぼちやの種

慾《よく》のふかい兄《にい》さんと、こころのやさしい弟が、同じ村に住《す》んでゐました。

兄さんは大きなお家《うち》で、なに不自由なく暮《くら》してゐました。それでも口ぐせのやうに「足りない、足りない」とぐちをこぼしてをりました。

それに引きかへて弟は、暮しこそ貧《まづ》しいけれど、不平をいはぬ人でした。「けふも、しあはせに送《おく》りました。」と、神さまに禮《れい》をいふのを、一日としてわすれたことがありませんでした。

その貧しい弟の家に、南の國からつばめが來て、軒《のき》の下に巣《す》をかけました。苗代《なはしろ》にそよそよと風のわたる初夏《はつなつ》です。間《ま》もなく、つばめは可愛《かわ》いい子どもを何羽《なんば》となく孵《かへ》しました。

藁葺家《わらぶきいへ》の軒下《のきした》が、ぴーちく、ぴーちくと、にぎやかです。弟は大よろこびでつばめの世話をやきました。巣が落ちないやうに、板ぎれを下へあててもやりました。親つばめは、せつせと餌《えさ》をみつけて來ては、子どもたちを育《そだ》てました。つばめの子は、毎日大きくなつてゆきました。

ある日のことです。お母さんつばめが餌をさがしに出たあとへ、大きな靑大將《あをだいしやう》が一匹、するすると家根《やね》を下りて來ました。靑大將は、つばめの巣に近寄《ちかよ》ると「これは、ごちそうだ」とばかり、にゆつと鎌首《かまくび》を持上

げて、巣の中をのぞきこみました。

つばめの子は、こんなおそろしい目にあふのが始《はじ》めてです。小さな羽《はね》をばたばたさせて、一生けんめいに飛《と》ばうとしました。けれども羽には、まだまだ力がついてをりません。飛べない羽で無理に飛び立たうとして、一羽の子つばめは、まつさかさまに、巣から落ちてしまひました。

そのさわぎを聞きつけて、弟が出て來ました。そして、しつ、しつと、青大將を追ひました。青大將は、ざんねんさうに巣をあきらめて逃《に》げてゆきました。

巣から落ちた子つばめは、脚《あし》を折《を》つてをりました。

「かわいさうに、どんなに痛《いた》いだらう。」

弟は、つばめの子があはれでなりません。折れた脚にくすりをつけて

白い布《きれ》でていねいに、傷《きず》をしばつてやりました。

十日《とうか》、はつかとたつうちに、脚を折つたつばめの子は、すつかり元氣になりました。羽に力もつきました。もうお母さんの餌を待つてはをりません。自分ひとりで、大空《おほぞら》を自由に飛びながら、蟲をさがすほどになりました。

夏がすぎて、秋が來て、つばめたちは南の國へかへりました。脚を折つた子つばめも、もうちやんとおとなになつて、なごり惜《お》しさうに村をはなれてゆきました。

あくる年《とし》の初夏《はつなつ》です。

古巣《ふるす》をたづねて、去年のつばめが、またこの家にやつて來ました。海

を越《こ》え、山を越えて、はるばる遠い道のりです。それでもつばめは、昔の古巣をわすれません。

ぴーちく、ぴーちく啼立《なきた》てて、つばめが軒をかすめます。弟の貧しいお家《うち》はまたにぎやかになりました。

脚を折つた去年《きよねん》のつばめは、助けられたお禮《れい》に、かぼちやの種をくはへて來て、お庭のすみに落しました。その種から蔓《つる》がのびて、家根に匍《は》ひ上つたかと思ふと、もう秋には、一抱《ひとかか》へもある大きなかぼちやが、三つも並《なら》んで生《な》りました。

弟はよろこんで、かぼちやを一つ取りました。

「めづらしい大きなかぼちやだ。一つだけでも、ずいぶんたくさんあるだらう。村の人たちにも、わけて上げよう。」

さう思ひながら、弟はかぼちやを二つに割《わ》りました。すると、どうでせう。中からは、ぞろぞろと大工《だいく》さんが出て來ました。まさかり、かんな、のこぎりを、手に手に持つてをりました。

大工さんがすつかり出てしまふと、つづいてこんどは、材木が、どんどん出て來ました。大工さんたちは、その材木で、見るまに立派《りつぱ》なお家を建《た》てて、どこかへ行つてしまひました。

あまりのふしぎさに、弟は、ただただ、あきれてをりました。あとのかぼちやには、一たい何が入つてゐるのだらう。さう思つて、こんどは二番目のを割りました。

二番目のかぼちやからは、召使《めしつかひ》がぞろぞろと出て來ました。鋤《すき》や鍬《くわ》や鎌《かま》を持つたお百姓さんもありました。水《みづ》がめや、お針《はり》を持つた女の召使

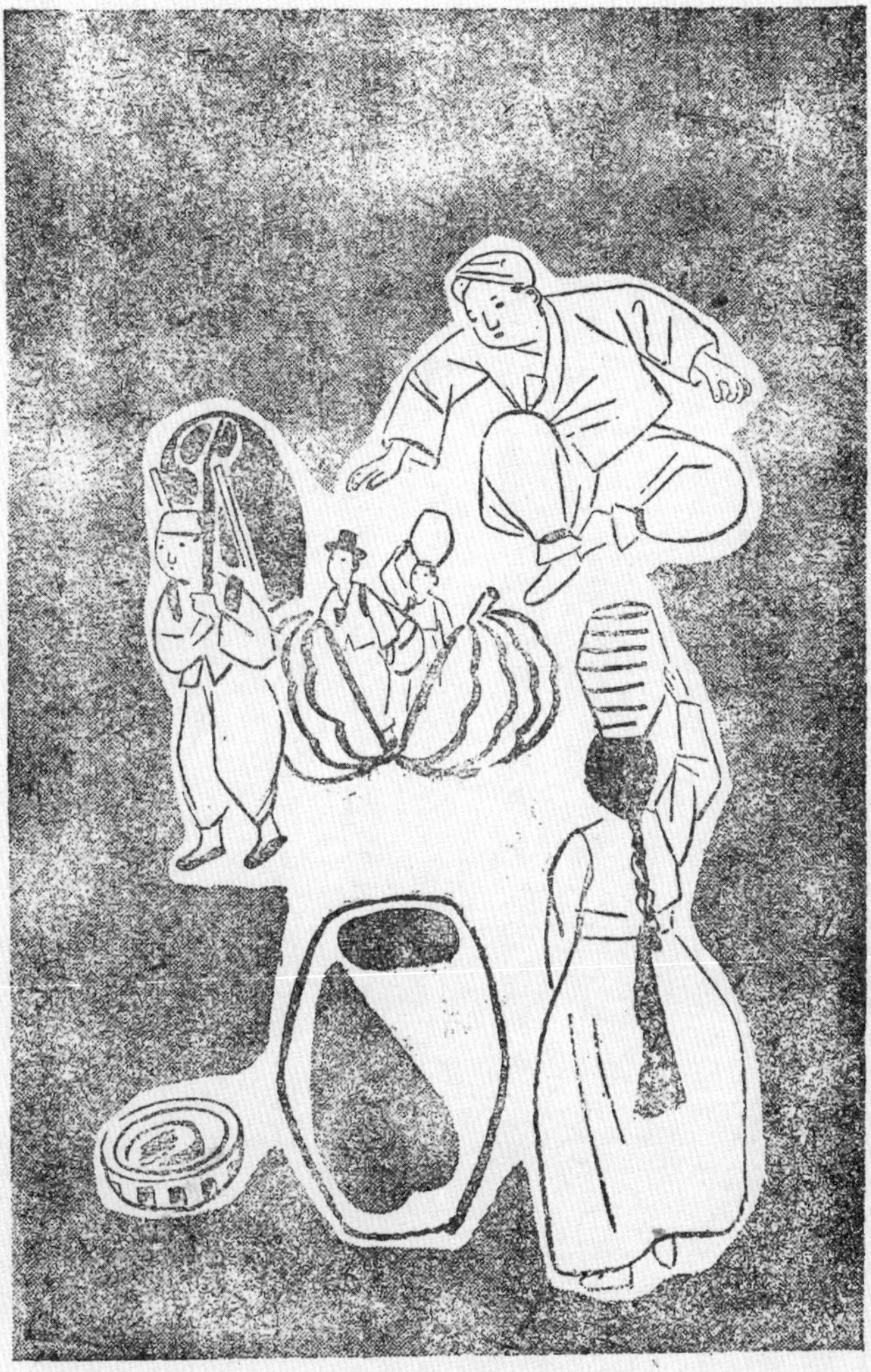

もありました。みんなは出てしまふと、うやうやしく禮をして、

「さあさ、旦那《だんな》さま、なんでも御用をいひつけて下さい。」

と、聲をそろへて申しました。

三番目のかぼちやからは、目もくらむほど、たくさんの金や銀が出て來ました。貧乏《びんぼう》な弟は、その金銀で土地を仕入れて、村一番の長者《ちやうぢや》になりました。

慾の深い兄さんは、うらやましくてなりません。どうかして自分も、あんな身分《みぶん》になりたいと、弟のところへやつて來て、それとなくたづねました。

「なあ、弟や、お前はどうして、こんないい身分になれたのだい。」

弟はありのままを答へました。

「つばめが脚を折りました。それを助けてやりました。そのつばめが、かばちやの種を持つて來て、それでこんなになつたのです。」

それを聞くと、兄さんは、もうぢつとしてゐられません。あくる年の初夏に、つばめの來るのを待ちかねて、さつそく、つばめの子を一羽、巣から取出しました。そして、ぽきりと脚を折ると、こんどはくすりをつけて、白い布《きれ》でぐるぐる巻《ま》いて、もとの巣の中に入れておきました。

秋になると、つばめの子は、南へかへつてゆきました さあ、兄さんはうれしくてなりません。

「もう、あと、ちよつとのしんぼうだ。いまにつばめがやつて來る。種をくはへてやつてくる。」

早く夏が來ればいいと、それぱつかりを待ち暮しました。そのうちに春がすぎて、待ちに待つた夏になりました。

脚を折られた去年のつばめが、兄さんの家にまた來ました。おまけにちやんと、かぼちやの種も口にくはへてをりました。その種を庭に植ゑると、欲深《よくふか》の兄さんは、毎日水をかけました。「早く生《な》れ、早く生れ」と、こやしもたくさんやりました。

かぼちやの蔓《つる》が、だんだんのびて、家根の上に大きなかぼちやが、やつぱり三つ生りました。弟の家で出來たよりも、もつと大きなかぼちやです。

「ありがたい、もうしめた。弟なんかに負けるものか。」

兄さんは小《こ》をどりして、さつそくかぼちやを割りました。中から出て

來たのは大工さんではありません。大ぜいの鬼《おに》どもが、手に手に責道具《せめどうぐ》をさげて、兄さんの前にあらはれました。

「不《ふ》人情《にんじやう》の、慾ばりめ、痛い思ひを、させてやる。」

鬼たちは、かはるがはる兄さんを打ちのめしました。打ちながら、かういつて、口々に唱《とな》へました。

そのうちに、鬼たちは、ど

つかへ見えなくなりました。こんなひどい目にあつて、それでも兄さんはこりません。こんどこそ、たからを出さうと、二番目のかぼちやを割りました。

するとこんどは、借金《しやくきん》とりが、あとからあとから出て來ました。

「おあしをかへせ、おあしをかへせ、かへさにや、なんでも、さらつてゆくぞ。」

口々にさういつて、ほんたうに手あたり次第《しだい》、なんでも持つてゆきました。

たちまちのまに兄さんの家は、空家《あきや》も同じになりました。

かぼちやなど、割るんぢやなかつたと、

いまさら悔《くや》んでも追ひつきません。兄さんはそれでもまだあきらめられ

ず、おそるおそる三番目のかぼちやに庖丁《はうちやう》を入れました。

すると今度は、かぼちやの中から、黄ろい泥水《どろみづ》が、どんどんあふれて出て來ました。見る見るうちに家ぢゆうが、どこもかしこも泥だらけです。兄さんはとうとう悲鳴《ひめい》をあげて、弟の家に逃《に》げこみました。

氣の毒な兄さんを、弟は親切《しんせつ》にいたはりました。さすが、慾深《よくふか》の兄さんも、自分のわるかつたことに氣がついて、それからは、へりくだつた、つつましい人になりました。弟は、田畑《たはた》から、召使から、なんでも、兄さんと半分にわけて、いついつまでも、仲むつまじく暮したといふことです。

すてられたかひこ

欲《よく》ばりのお百姓《ひやくしやう》さんが、かいかひこをたくさん飼《か》ひました。かいくわの葉を、まいにちたべて、かひこはずんずん大きくなりました。そのうちに、くわの葉が足らなくなつて、お百姓さんはこまりました。はじめから、あんまり欲ばつて、たくさんそだてたのがいけないのです。

くわがなくては、かひこに食《た》べさせることが出來ません。それで、そだてられるだけのかひこをのこして、みんな、すてることになりました。

かひこがすてられたのは、うら山の林の中でした。くぬぎや、かしの木が、一ぱい生えてをりました。すてられたかひこは、くぬぎや、かしの葉つぱをたべて、ぶじに生きながらへました。そして、やつぱりすこしづつ、大きくなつてゆきました。

ある日、お百姓さんは、うら山へ上《のぼ》りました。ふとみると、どの木の枝にも、かぞへきれぬほどたくさんの、まゆがかかつてゐるのです。お百姓さんは、おほよろこびによろこんで、うちの人を、みんなつれてやつて來ました。

「さあさ、ゑんりよすることはないよ。これは、もともと、うちのかひこだからね。うちのかひこが、つくつたまゆだからね。」

さういつて、お百姓さんは、日が暮《く》れるまでに、山ほどまゆを、はこび入れました。

「なんと、うまいはなしだらう。來年も、あの林の中に、かひこをすてることにしよう。くわをやらずに、まゆがとれるなんて、こんなぼろいもうけはない。」

お百姓さんは、一人で、そんなことをかんがへながら、ほくほく、よろこんでをりました。

その晩のことです。

ぴかぴかと、いなびかりが、ひかつたかと思ふと、山がくづれるやうな大きな音がして、お百姓さんの屋敷《やしき》の上に、かみなりさんがおちまし

た。夜が明けてからみたら、お百姓さんの家のあたりは、一めんに、大きな沼《ぬま》になつてゐました。

お地藏さまの赤い目

寒《さむ》い寒い冬でした。風がびゆうびゆうと吹いてゐました。

年とつたお坊《ばう》さんが一人、日暮《ひぐれ》の路《みち》をとぼとぼと、町の方へ歩《ある》いて來ました。お坊さんは見るからに、つかれたやうすをしてをりました。

お坊さんは、やがて町へたどり着きました。もうすつかり日が暮れて家々からは明るい灯《ともしび》がもれてゐました。

「どこか泊《と》めてくれる家はないかな。」

お坊さんはさう思つて、つかれた足を引きながら町筋《まちすぢ》を通りました。

人の大ぜい住《す》んでゐる、にぎやかな町でした。ものものちらしい大きな家が、何軒《なんげん》も目につきました。

「この家にたのんで見よう。」

お坊さんが立止つたのは、石垣《いしがき》でかこまれたりつぱなお邸《やしき》の前でした。

「おたのみ申します。旅《たび》の僧《そう》を一夜《いちや》泊めては下さいませぬか。」

出て來た人に、お坊さんは、さういつてたのみました。

邸の人は、如何《いか》にも困《こま》つた顔をして、お坊さんをことわりました。

「ちやうど、けふは主人が留守《るす》で、お泊めすることが出來ません。」

お坊さんはまた歩きました。しばらくして、こんどは、大きなお店の前に立ちました。

「旅の僧です。日が暮れて、どこかへ泊めていただかねばなりません。

ご迷惑《めいわく》でなかつたら、どうか一夜の宿をおねがひ申します。」

お坊さんは、ていねいに申し入れました。すると、ここでも、お坊さんのみすぼらしい身なりを見て、よい返事をしませんでした。

「あひにくと客がゐましてな。お氣《き》の毒《どく》ですが、ほかを聞いてみて下さい。」

お坊さんは店を出ると、風の吹いてゐる夜《よる》の町を、またしばらく歩きました。つかれてゐる上に、おなかも空《す》いてをりました。

こんどは、貧乏な家をたづねました。ここならきつと、泊めてくれるにちがひない。――お坊さんはさう思ひました。

ところが、そこのおかみさんは、さも、うるささうに、無愛想《ぶあいさう》なへんじをしました。

「このせまい家に、坊さんなんかどこへ泊められるのだい。もつと廣い大きな家が、澤山ほかにもあるのにさ。」

そこでも、ことわられて、お坊さんは、またとぼとぼと歩きました。

お坊さんは、あきらめませんでした。

「これだけの大きな町だ。どこかにきつと、こころの溫《あたたか》い親切な人がゐるにちがひない。」

さう思つて、四番目の家をさがしました。そこでもことわられました。

五番目の家もだめでした。

六番目の家もだめでした。

骨《ほね》を刺《さ》す冷たい風が、ゐんりよもなく吹きつのりました。お坊さんはころものすそを風に吹きさらされながら、七番目、八番目の家を、同じ

やうにたのんで歩きました。

とうとう十番目の家になりました。ここでもだめなら、もう、たのむのはやめようと思ひました。

ところが、やつぱり十番目の家も「お入りなさい」とは、いひませんでした。お坊さんは悲《かな》しくなりました。これだけたくさんの家があつて、これだけたくさんの人が住んでゐて、ただの一人、なさけある温いこころの人がゐない――。さう思ふと、さびしくてなりません。お坊さんは、あきらめました。そして、路ばたの石の上に、つかれた腰《こし》をおろしました。

そのとき一人、ここを通りかかつたお婆《ばあ》さんがありました。夫《をつと》にも、

せがれにも、何年まへかに先立たれて、今は頼《たよ》る人もない、獨りぽつちのお婆さんでした。

旅の僧が、寒い路ばたに腰をかけてゐるのを見て、お婆さんは、こころから氣の毒さうに申しました。

「そんなところでは、さぞやお寒いでせうに――、よろしかつたら婆《ばばあ》の家にお出でなさい。なにもどちそうは出來ないけれど、温《あつたか》い汁《しる》がありますよ。」

そのやさしい言葉には、まごころのうつくしさが、滿ちあふれてをりました。お坊さんは、何もいはずに、その親切を受けました。

お婆さんは、御飯を炊《た》いて旅の僧をもてなしました。湯氣《ゆげ》の出てゐる温い汁もお膳《ぜん》の上にのせました。せ一ぱい、お坊さんをいたはつて、自

分に出來る親切は、なに一つ惜《を》しまずにつくしました。

溫い人のなさけが、この町にもありました。お婆さんの貧しい住居がこの世ながらの極樂《ごくらく》に、旅の僧には思はれました。

夜が明けて、旅の僧はこの家を立ちました。

「お世話になりました。なにもお禮が出來ません。」

「いえ、いえ、そのお心づかひはいりませぬ。いまに佛さまから、お禮はたんといただきますから――。」

お婆さんがさういふと、旅の僧はつけ加へました。

「一つだけ、だいじなことを、あなたに知らせて上げませう。この裏山《うらやま》にお地藏《ぢざう》さまがありますね。その地藏さまの目の玉が、赤い色にかはつたら、それは大水が出て、この町が滅《ほろ》びる兆《きざし》です。氣をつけてゐて

下さい。そして赤い目になつたら、お米を持つて、山の上に逃《に》げるのですよ。」

さう、いひのこすとお坊さんは、またとぼとぼと、この町を出てゆきました。

お婆さんは、それから毎日、裏山へ上つては、お地藏さまの目の色をしらべました。旅の僧にいはれた言葉を、かたく信じてをりました。そして、町ぢゆうの人たちにも、一生けんめいにすすめました。

「いまに、お地藏さんの目の色が赤くなる。さうしたら、大水が出て、この町が呑《の》まれてしまひます。あなたたちも、いまからその用意をして下さいよ。」

かういつて、すすめて歩きましたが、誰一人、耳をかたむけるものはありません。しまひにはお婆さんを、氣狂ひだときめてしまひました。

お婆さんは、毎朝早く、かならず裏山へ上ります。そして

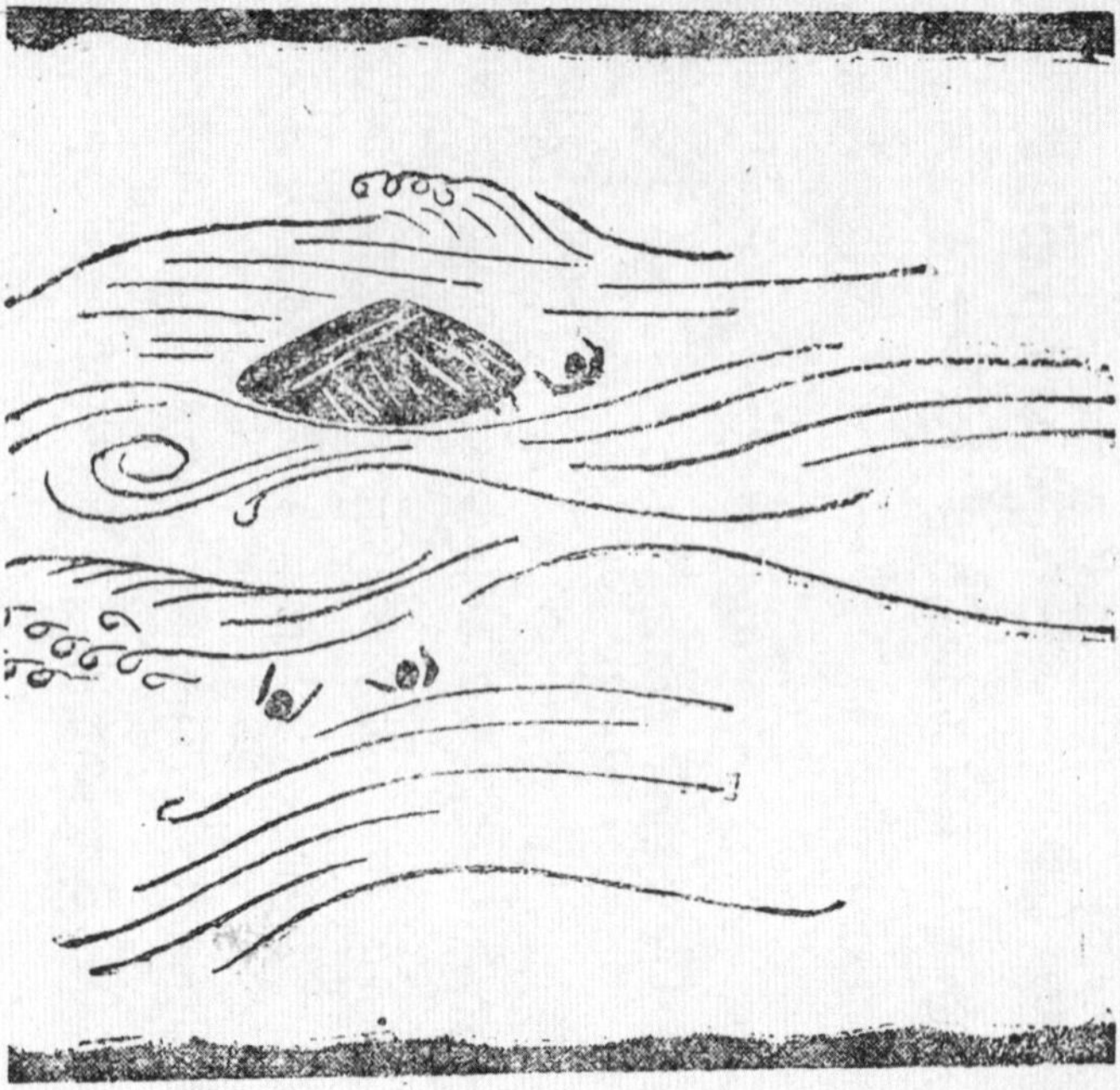

お地藏さまの目の色が、變つてないかとたしかめます。それを知つてゐる、いぢわるい人たちが、

「一つあの氣《き》狂《ちが》ひ婆さんを、かついでやれ。」

と、ある晩こつそり裏山へ上りました。さうして、お地

藏さまの兩方の目の玉に、赤い色を塗《ぬ》りつけてかへりました。

お婆さんは、そんなこととは知りません。あくる朝、いつもの通り、お地藏さまのところへ來ました。見ると、目の玉が赤くなつてゐます。お婆さんはびつくりして町へ走つてゆきました。

「みんな早く、いまのうちに逃げておくれ。大水が出る、大水がこの町を呑んでしまふ。」

さういつて、大ぜいの人たちに知らせましたが、みんなは「あは、は、は」と笑ひころげるばかりです。

「お婆さんの、あのしんけんな顔色を見たかい。かつがれたとも知らないで、やれやれ、かわいさうに。」みんなは、蔭で、さういつては、お婆さんを笑ひものにしました。誰一人、一緒に逃げてくれるものはあ

りません。お婆さんは、あきらめて、自分だけのお米を持つて、日の暮れぬうちに、裏山へ上つてゆきました。

すると、その夜のことです。人々の寢しづまつた眞夜中《まよなか》ごろ、大津浪《おほつなみ》が一度に押しよせて、またたく間に、この町を呑んでしまひました。何百といふたくさんの家が一夜のうちに流されて、津浪のひいたあとには、大きな青い湖《みづうみ》が、ただ、しづかに、横たはつてゐるばかりでした。

赤いおざ

王さまに、一人のお姫《ひめ》さまがありました。おとぎばなしの天女《てんにょ》のやうに、それはそれは、うつくしいお姫さまでした。

王さまは、繪師《えし》をよんで、姫の繪すがたを描《か》かせることになりました。

その繪師は、わざもすぐれてゐましたが、日ごろから信心《しんじん》ぶかい、こころの淨《きよ》い人した。

ほかならぬ王さまのおいひつけです。ほかならぬお姫さまの繪すがたです。繪師は、まごころこめて、りつぱな繪すがたを描き上げました。

いよいよ出來上つて、王さまの御前《ごぜん》にさしあげるばかりのところで、うつかり筆をとりおとして、赤いしみができました。お姫さまの繪すがたの、ちようど、おなかのところです。

「これはしまつたことをした。」

もう一度、描きなほさねばならないところです。けれども繪師はかんがへました。

あれほど、まごころこめたのに、こんなそさうをするはづがない。筆が手から落ちたのは、これは天のおこころだ。―― さう思ひなほして、赤いしみのついたまま、王さまの前に、その繪すがたをさし出しました。

王さまは、ごらんになつて、びつくりなさいました。それといふのは生れつきお姫さまのおなかのところに、ほんたうに、あかいあざがあつ

たからです。

「どんなに上手な繪師でも、見えないところが描けるはづはない。この繪師は、ふらちなやつだ。さつそくにもおしおきをしてしまへ。」

王さまは、大さうお腹立《はらだ》ちになつて、さう、家來のものに申しつけられました。

ところが、日ごろこの繪師が、行ひの正しいりつぱな人であることを誰でも知つてをりました。それで、王さまのご家來たちは、かはるがはる王さまの前に出て、繪師をおゆるしになるやうに、いのち乞《ご》ひをいたしました。

「王さまは、そこで、もう一度、繪師を試《ため》さうとおかんがへになりました。

「ゆうべわしは、ふしぎな夢《ゆめ》を見た。その、夢で見たものを、描きあらはせるかどうぢや。みごと描けたら、いのちはゆるしてつかはさう。」

繪師は、王さまの仰《おほ》せをうけたまはると、かしこまつて筆をとりあげました。そして、まよはず、ためらはず、十一面の觀音《くわんのん》さまを、すらすらと紙の上に描きました。

それは、王さまのごらんになつた夢と、少しも違《ちが》はない、おなじ御佛《みほとけ》のおすがたでありました。

「さすがは、名をうたはれた繪師である。御佛のおたすけがなくては、出來ないことだ。」

王さまは、さう感じられて、繪師をおゆるしになつたばかりか、たくさんのごはうびまで、お下げわたしになりました。

きじと　はとと　かささぎ

おなじ森の中に、きじと、はとと、かささぎが棲《す》んでゐました。ところが、凶年《わるどし》に遇《あ》つて、食べるものがなくなりましたので、みんなで相談をして、ねずみをたづねることになりました。

一ばんはじめに、きじが出《で》かけてゆきました。きじは日ごろから、ねずみをばかにしてゐましたから、言葉まで、ついぞんざいになりました。

「これこれ、ねこの食ひ損《そこ》なひはをらぬか、きじの旦那《だんな》が、ぢきぢきのご入來《にふらい》だ。食べものを少しもらはうかい。」

すると、それを聞いて、お臺《だい》どころで火をくべてゐたねずみのおかみさんは、すつかり腹を立ててしまひました。そして、とんで出るなり、火《ひ》かき棒《ぼう》で、いやといふほど、きじの横《よこ》づらを打ちのめしました。

「ひとさまに、ものをもらひに來て、なんといふ口のきき方をするんだい。棄《す》てるものはあつても、お前さんにやるものはないよ。」

きじは、打たれた頰《ほほ》をさすりさすり大恥《おほはぢ》をかいて引退《ひきさが》りましたが、今でもきじの頰が赤いのは、その時のあざだといふことです。

二ばんめに、はとが出かけてゆきましたが、はともやつぱり、ねずみをばかにしてゐましたから、

「やい、米びつのコソ泥、食ものをちつとばかり、もらひに來たぜ。」

と、これまたおうへいな口をききました。ねずみのおかみさんは、今度

も大《たい》そう腹を立てて、火搔棒ではとの頭を、ピシリと打ちすゑました。

はとの頭が靑いのも、その時のあざださうです。

三度目に、かささぎが、行くことになりました。きじやはとの二の舞をしては大變ですから、かささぎは、ねずみの戸口に着くなり、頭を下げてていねいにたのみました。

「もし、ねずみの旦那、どうも凶年で困つてゐます。食ものを少々、わけていただけませんか。」

すると、奥から、ねずみが出て來て申しました。

「上げないものでもないが、お前さん、きじやはとと一緒《いつしよ》ぢやないかい。そんならまつぴらだよ。」

「いいえ、とんでもない――。」かささぎは、あはてて打ち消《け》しました。

「そんな名前は、ついぞ、聞いたこともありません。」

「そんなら、お入《はい》り。」

ねずみは、あんしんして、かささぎに食ものを、わけてくれました。

その上ねずみのおかみさんまできげんをよくして、

「お前さんは、すがたが上品《じょうひん》だもんで、ことばづかひまでちがふよ。育《そだ》ちがいいんだね。」

と、お愛想《あいそう》をいひました。

★火かき棒——かまどに火をくべるとき、たきぎを押しこむ木の棒。

なまけ蟻

むかしは蟻《あり》が、一番の怠《なま》けものでした。

兎のせなかに巣《す》をくつて、毎日、のらりくらりと、あそび暮《く》らしてをりました。ひもじくなると兎の血を吸《す》つて、自分で働《はたら》かうとはしません。

兎もこれには、ほとほと困《こま》つてしまひました。

「なんとかして、この怠けものどもを、懲《こ》らしてやらう。」

さう思つて、ある日兎は、背《せな》の蟻たちに、大きな聲でよびかけました。

「おい、おい、蟻たち。けふは一つ飯《めし》つぶといふものをどちそうしてや

らう。みんなして下《お》りて來い。」

さあ、食《た》べものと聞いては目がありません。われさきにごちそうにありつかうと、蟻たちは、押《お》しあひ、へしあひ、先をあらそつて兎の背《せな》から下りて來ました。すると兎は、一枚の木《こ》の葉の上に、握《にぎ》りめしを一つのせて、その葉つぱのはじを、口にくはへていひました。

「さあ、早いもの勝《がち》だ。ここまで駈《か》けて來い。」

蟻たちが、ぞろぞろと、葉つぱのそばまで寄《よ》つてゆくと、兎は、くはへてゐた葉つぱを、ついと引きはなして、

「ここまで、おいで――」

と、またおなじことをいひます。やつとのことで、そこまでゆくと、またついと引つぱります。三度も五度もおなじ目に遇《あ》つて、とうとう蟻も

怒つてしまひました。

「ようし、そんなら、どこまでも追ひかけてやるから――。」

ところが、蟻ののろまな脚《あし》では、兎にかなふわけがありません。いくら一生けんめいに追ひかけても、葉つぱをつかまへられぬばかりか、一日ぢゆう引きまはされて、へとへとにくたびれてしまひました。

腹はぺこぺこにへるし、氣はいら立つし、さすがの蟻たちもふらふらです。そのうちに兎は、握りめしごと葉つぱをさらつて、かたはらの高い木の上に、ちよろりとのぼつてしまひました。

「いまいましい。かうなつたら、意地《いぢ》くらべだ。」

蟻たちは、そこで、木の根もとに陣《ぢん》どつて、兎の下りて來るのを待つことになりました。高い木を見上げて、いまかいまかと、待ちくらしまし

たが、いつまでたつても兎は下りて來ません。

日ごろ蟻たちに背の血を吸はれて、ひどい目にあつてゐる兎は、うらみをかへすのはこのときとばかり、おいしさうに、握りめしを食べながら、木の上ですずしい顔をしてゐます。蟻たちは、おなかがすいて、いまにも腰《こし》がちよんぎれさうです。目も見えません。そのとき、兎のこぼした飯つぶが、たつた一つ落ちて來ました。大ぜいの蟻たちは、とびつくやうにして、その飯つぶを食べましたが、その味《あじ》のうまいこと――、おかげでどうやら、飢死《うゑじに》だけはせずにすみました。

飯つぶ一つで、げんきをとりもどした蟻たちは、さすがに兎をあきらめて、いゝいゝしんけんに、さうだんをしました。

「あんな、いぢわるな兎など、たのみにはならない。私たちは私たちで、

食べものを、「さがさうではないか。」

それがよからうといふので、さつそく蟻たちは、人里《ひとざと》に出てゆくことになりました。けれども、あんまりひもじい思ひをしたので、目がつぶれてしまひました。そこで二本の角《つの》を杖《つえ》がはりにして、くびれた腰をひねりひねり、えつちやらおつちやら、人里へ下りてゆきました。

やうやくのことで、たどりついて、少しばかりの食べものにも、ありつきました。それからといふもの、これにこりて、蟻たちは自分で働くことになりました。いまでも蟻は、その時くびれた腰のまゝで、地面を探《さぐ》りながら、せつせと稼《かせ》いでは、食べたり貯《たくは》へたりしてゐます。

石の鐘

貧《まづ》しい夫婦《ふうふ》がありました。貧しいけれど、こころの正しい、よい行《おこな》ひの人でした。朝から晩までせつせと稼《かせ》いで、年とつたお母さんを養《やしな》つてゐました。

「どうかして、お母さんに樂《らく》をさせて上げたい。おいしいものも、すすめたい。」

明けても暮《く》れてもただ一つ、これが夫婦のねがひです。働《はたら》いて、もうけたお金で、お母さんの好きな、ごちそうをこしらへるのが、何よりの

たのしみでした。

働いても、働いても、なかなか樂にはなりません。その上、夫婦の間には小さな男の子がありました。

お年寄《としより》は、この孫《まご》を誰《たれ》よりもかはいがります。夫婦が苦心《くしん》をしてととのへたごちそうも、たいていはこの孫に食《た》べさせてしまひます。

「いけません、おばあさまのごちそうに手を出しては――」

さういつて、子どもを叱《しか》ります。

「お母さん、ほんたうによしてくださいね。この子はいまに大きくなつて、いくらでもごちそうが、食べられるのですから――」

さういつて、お年寄にたのみます。けれども、やつぱり同じことです。

一度ついたくせは、なかなかなほりません。

とうとう夫婦は、さうだんをしました。

「こんなことでは、いくら孝行をしようにも孝行はできない。お母さんに、ひもじい思ひをさせるばかりだ。いつそのこと、あの子を棄《す》ててしまはふではないか。」

夫《をつと》がさう、さうだんをもちかけますと、やさしい妻《つま》は涙《なみだ》ぐんで、すなほに、うなづきました。

「さうしませう。かはいさうだけれど――。お母さんはたつた一人《ひとり》、子どもは、このさき、またできますからね。」

そこで夫婦は、人の寝《ね》しづまつたころ、子どもを連《つ》れてこつそり裏山《うらやま》へ上《のぼ》りました。鍬《くわ》をもつて夫が先に立つと、妻は子どもをおんぶして、そのあとについてゆきます。子どもは、なんにも知らずに、お母さんの

背中《せなか》で、すやすやと、寝いきを立ててゐました。

ここらと思ふあたりへ、子どもをおろしました。さすがに、かはいいわが子です。人氣《ひとけ》のない山の中へ、埋《うづ》めてゆかねばならぬかと思ふと、かわいさうでなりません。

「老《おい》さきのみぢかい、おばあさんのためだ。坊や、ゆるしておくれ。」

こころの中で、さうわびながら、夫は鍬を打ちおろしました。一鍬、一鍬と、打ちおろすたびに、穴《あな》がだんだん深くなります。月の出てゐるお山の中は、ひつそりしづまりかへつて、打ちおろす鍬の音《おと》が、さびしくひびいてゐるばかり――、誰も見てゐるものはありません。

「もう、よいかな。」

鍬を休《やす》めて墓穴《はかあな》の土をすつかりすくひ出しました。まだ少し淺《あさ》いやう

です。子どものお父さんは、もう一度、鍬をとり上げて、穴の底《そこ》へ打ちおろしました。

その時です。

かちりッと音がして、何か堅《かた》いものが鍬のさきにあたりました。掘《ほ》り出してみますと、石で出來た、それはりつぱな鐘《かね》でした。

ためしに一つ打つてみました。その音《ね》いろの淨《きよ》らかなこと、夜《よる》の山にこだまして、澄《す》みきつた鐘の音《ね》は、いつまでも消えぬかと思はれました。

そのうつくしい音いろに、きき入つてゐるうち、夫婦のこころには、ふしぎな力が湧《わ》き立ちました。御佛《みほとけ》の慈悲《じひ》が鐘の音をかりて、ひしひしと身《み》を包《つつ》むやうに思はれました。

「さうだ。これはきつと佛さまが、この子を助けて下さるために、わた

したちに、この鐘を賜《たま》はれたのだ。」

「それに違《ちが》ひありません。このお訓《さと》しに背《そむ》いては、もつたいないといふものです。これからは、いままでよりも、もつともつと働いて、お母さんに二倍も三倍も孝行をしませう。そしてこの子も育《そだ》て上げませう。」

夫婦は、たがひに誓《ちか》ひ合つて、頬《ほほ》の涙をぬぐひました。それは、こころの正しいものだけが流すことの出來る、感謝《かんしや》と、よろこびの涙でした。

山から持ちかへつた石の鐘は、この貧しいお家の、またとない寶《たから》になりました。軒《のき》につるして、毎朝《まいあさ》佛さまをおがむまへに、夫婦はかはるがはるこの鐘を鳴《な》らしました。その淨らかなうつくしい音いろは、夜明けのそよかぜに乘つて、遠く王さまの御殿《ごてん》にまで、ひびきわたりました。

ついぞ聞いたことのない、うつくしい鐘の音に、王さまはお耳をとめられました。

「あれはどこの鐘ぢや。誰か行つて、たしかめてまゐれ。」

王さまは、ご家來《けらい》に、さういひつけられました。王さまのお使《つか》ひは、鐘の音をたどつて、この貧しい夫婦の家を、さがし出しました。そして石の鐘を掘りあてるまでの、くはしいいきさつを聞きただしてかへりました。

王さまは、ご家來から、くはしいわけをお聞きになつて、大そう感じられ、手あついはうびを賜はるやうにと、おほせ出《いだ》されました。かさねがさねのありがたいお慈悲に、夫婦は涙をながしてよろこびました。そして、一層《そう》お年寄に孝行をはげみました。

あとで、この夫婦の家はお寺《てら》になつて、弘教寺《こうきようじ》と呼《よ》ばれました。興徳《こうとく》王《わう》が新羅《しらぎ》の國《くに》を治《をさ》めたころのお話です。

山人蔘と如來さま

開城人蔘《かいじようにんじん》は、昔から、名高い靈藥《れいやく》といはれてゐます。

ある人が、お母さんの病氣をなほすために、永いあひだ苦勞《くらう》をしました。よいといふ藥は、たいてい試《ため》してみましたが、病氣は重くなるばかりです。この上はもう、佛さまにすがるよりほかはないと、朝晩一心にいのつてをりますと、ある日のこと、一人の托鉢僧《たくはつそう》が門口《かどぐち》に立ちました。

主人はさつそく、お坊さんを家の中に招《まね》いて、ていねいにもてなしました。そして、お母さんが永い患《わづら》ひで、どんな藥もききめがないことを

ためいきまじりに話しました。

お坊さんは、しばらく考へたあとで、

「あなたに息子《むすこ》さんがおありか。」

と、たづねました。

「はい、一人、寺子屋《てらこや》へ通《かよ》つてゐるのがをります。」

主人がさう答へますと、お坊さんは、

「それならば、お年寄《としより》のご病氣はなほります。しかし、これはつかりはとてもお出來になりますまい。」

と、何かわけありげな口ぶりで申しました。

「どんなことかは存じませんが、母さんの病《やまひ》がなほりますことなら、たとへどんなことでもいたします。どうぞおつしやつて下さい。」

主人は涙をうかべてたのみました。

「では敎へて進《しん》ぜませう。そのお子さんを藥にするのぢや。大釜《おほがま》に湯をたぎらせて、その中に息子さんを入れなされ。半日がほど、よく煎じて、その汁を、御病人にすすめたら必らずなほりませうぞ。ぢやが、お心しだい、無理にとはいひませぬ。」

お坊さんは、さういふと、掌《て》を合はせ念佛を誦《じよう》じながら出てゆきました。しばらくは、わが耳を疑《うたが》つて、ぼんやりしてゐた主人も、やがてお坊さんの言葉に氣がつくと、急に落着かぬこころになりました。母親か、我子か、どつちを棄《す》てたらよいであらう。――さう思つては、惱《なや》み通《どほ》しに惱みましたが、とうとう決心がつきました。

「お母さんの、海山《うみやま》の恩を、おかへしするのはいまだ。子供は始めから

なかつたと思へばよい。」

さう思ひ定めると、こころの惱みも輕くなりました。

こころが決まると、主人は、誰にもいはずに台どころへ行つて、大釜に一ぱい湯を沸《わか》しました。そして息子のかへりを待ちました。

ほどなく、息子は、本の包みをかかへて、寺小屋からかへつて來ました。何も知らない息子は、かへるとすぐにはだかにされて、お釜の中に入れられました。

お釜の中では、ぽこぽこと、お湯のたぎる音がしました。奥のお部屋では、病人のお年寄が、苦しさうにうなつてゐました。

すると、しばらくしてからです。一體これはどうしたのでせう。外から元氣な顏をして、もう一人、息子とそつくりな子供が入つて來ました。

主人はびつくりして口も利《き》けません。幻《まぼろし》か、夢を見てゐる心地《ここち》です。どう見ても我子に違ひはありません。いろいろと聞きただしてみましたが、息子はいつもの通り、寺子屋で勉強をすまして、いまかへつて來たところなのです。

では、いまさつき、お釜の中に入れたのは誰だらう。――さう思つてふしぎさに、怖《おそ》る怖るお釜のふたをとつて見ました。子供が煮《に》えてゐると思ひのほか、お釜の中には、大きな大きな山人蔘が、黃ろくなつて横たはつてゐました。

さてこそ、さつきのお坊さんは、如來《にょらい》さまの化身《けしん》であつたかと、主人は掌《て》を合はせて、ありがた淚に暮れました。その山人蔘の汁を服《の》むと、お年寄の病氣は、薄紙《うすがみ》をはぐやうに、めきめきとよくなりました。

お年寄の病氣が、すつかりなほつた上で、主人はたくさんの寄進《きしん》をして、如來さまの御堂《みどう》を建てました。今でもその御堂は、開城に殘つてゐるといふことです。

めくらねずみ

わがままな娘がゐました。

なにをいひつけても、ハイとへんじをしたことがありません。すこしでも氣にいらないと、お父さんや、お母さんに、だだをこねて、こまらせました。そのくせ、じぶんのわがままは、なんでも通さずにはおきません。ほんたうに困つた娘でした。

お父さんや、お母さんが、どんなにいひ聞かせても、まるできゝめがありません まいにち、なにかしら、もんくをこしらへては、ぶつくさ

と、すねてゐるのです。

「この子は、いまにどうなるだらうか。」

親《おや》たちはそればかりしんぱいしてをりました。ところが、ある日のこと、娘がひとりで、つくねんと、おへやにすわつてゐますと、そこへ一匹の仔《こ》ねずみが、ちよろ、ちよろと、出て來ました。

「まあ、いやらしい。」

娘はびつくりしましたが、あんまり小さいねずみなので、こはいとは思ひませんでした。

おへやのすみに、米粒《こめつぶ》が少しばかり、こぼれてをりました。仔ねずみはへやぢうを、あちこち、さがしてあるきましたが、米粒の落ちてゐるのがわかると、いそいで引きかへして、もとの穴《あな》へ入つてゆきました。

しばらくすると、さつきの仔ねずみが、また、ちよろちよろと、出て來ました。こんどは、ひとりではありません。仔ねずみのうしろには、お母さんねずみが、ついてゐました。

仔ねずみは、お母さんねずみを、あんないするやうにして、お米のこぼれてゐるところへ、つれてゆきました。お母さんねずみは、口さきでうろうろして、お米の粒をさがしあてました。

そして、チユウチユウと音をさせながら、おいしさうに、その米粒を食べました。

お母さんねずみは、目が見えないのです。ひとりでは、食物《たべもの》をさがすことが出來ません。それで仔ねずみが、食物をさがしては、お母さんねずみに食べさせてゐるのでした。

そのうちに、おもてのはうで、人の足おとがしました。すると仔ねずみはチユウチユウ鳴《な》いて、お母さんねずみをせきたてました。さうしておほいそぎで、またもとの巣《す》のはうへ、お母さんねずみをまもりながら入つてゆきました。

わがまま娘は、はじめから、おしまひまで、ぢつとしてそれを見てをりました。そして、すつかりはづかしくなりました。

「ねずみでさへも、あんなに親をたいせつにするのに、わたしは、なんといふわがままものだらう。」

さう思ふと、いままでの行《おこな》ひの、まちがつてゐたことが、はつきりわかりました。

それからは、まるで人がちがつたやうに、親をたいせつにするやうになりました。みんなからも、よい娘だと、ほめられるやうになりました。

河べりのお墓

親《おや》のいふことをきかない、雨《あま》がへるがありました。

「けふは、おうちであそんでおくれ。」

お母さんが、さういふと、きつと雨がへるは、そとの方へ出てあそびました。

「けふは、おてんきがよいから、おもてであそぶんだよ。」

さういへば、こんどは、おうちから出てゆきません。

ひがしといへば西、右といへばひだり——、何でも、いひつけられた

あべこべをします。つむじまがりの、あまのじやくで、お母さんもこれには、ほとほと、こまつてしまひました。

そのうちに、月日がたつて、雨がへるのお母さんは、すつかり年をとりました。その上、重い病氣にかかりました。お母さんは、まくらもとへ雨がへるをよんでゆいごんをしました。

「せがれや、お母さんはもうぢき、いきをひきとります。お母さんが死んだら、なきがらを河《かは》のほとりに埋《うづ》めておくれ。わかつたかい、わすれるんぢやないよ。」

それから間《ま》もなく、ほんたうに、お母さんが亡くなりました。雨がへるは、かなしくなつて、しくしく泣《な》きました。泣きながら、いままでの不孝をわびました。

「お母さんのいふことを、なに一つきいてあげられなかつた。せめて、ゆいごんだけは、まもつてあげなくちや、ばちがあたる。」

さう思つて、雨がへるは、泣く泣くお母さんのなきがらを、河べりに埋めました。

けれども、お母さんは、ほんたうに河べりに埋めてもらひたいと思つたのではありません。なんでも、あべこべをする雨がへるです。河べりといへば、きつと山に埋めるだらうと、さう思つて、たのんだのでした。

お母さんのお墓《はか》は、河のほとりにあります。それで、雨が降《ふ》りさうになると、雨がへるは、しんぱいでなりません。いまに河水があふれて、お墓が流《なが》れはしないだらうかと、それ ばかりが、氣がかりです。

けふも雨が降つてゐます。どこかで雨がへるが、きつと鳴《な》いてゐることでせう。

ぎやぐ、ぎやぐ、
母さんのお墓は、だいじようぶだろか。
ぎやぐ、ぎやぐ、
河の水は、あふれないだろか。——

果報せむし

背《せな》のまがつた　いもむし　せむし、
せむしながらも　のぞみがござる。
おいらゆきたい　京《ソウル》(一)の科擧《かきよ》(二)に
みごと　とほれば　役人さまぢや。

そこで　粟粒《あはつぶ》一つをもらうて
はるばる　のぼるは　京《ソウル》みち、

一《いち》の宿屋《やどや》に　粟粒《あはつぶ》あづけ
これを　ひと晩　だいじにたのむ。

さても夜なかに　ちよろりこ　ねずみ
ちよいと出て來て　粟粒食べる。
粟はもうない、ねずみが食べた、
食べたねずみを　捕へてくんろ。

そこで　ねずみを捕へて　もらうて
京《ソウル》のみちを　またものぼる、
つぎの宿屋に　ねずみをあづけ

だいじなねずみぢや　ひと晩たのむ。

ねずみチウチウ　あづかりねずみ
それを　仔猫《こねこ》が　みつけてたべる。
ねずみもうない、猫めが　たべた、
食べた仔猫は　おいらが　もらふ。

三の宿屋に　猫をばあづけ
だいじな猫ぢやで　ひと晩たのむ。
仔猫ニヤンニヤン　ひもじうてないた
それをろばめが　やれふみころす。

さてもこまつた、だいじな猫ぢや、
猫をかへすか　それともろばか。
死んだ仔猫が　なんでかへさりよか。
しかたなくなく　ろばをばくれた。

ろばの背《せ》に乗り　ハイドウドウ
たどり着いたは　京《ソウル》でござる。
京《ソウル》の宿屋に　牡牛《をうし》がござつて
これがまたまた　ろばを突《つ》きころす。

ろばの代《かは》りに　牡牛をもらうて
借《か》りたうまやに　ひと晩つなぐ。
そこへ　そこつな　牛屋《うしや》のせがれ
それと知らずに　賣《う》つとばしてしまふ。

しかも買ひ手は　政丞《せいじょう》（三）でござる、
賣つた牛をば　何んでかへさりよか。
せむし　ぷりぷり　腹をば立てて
「牛をかへせ」と　政丞の館《やかた》。

牛はもうない、祭りに　つかうた。

ならば　娘《むすめ》を　おいらにくんろ、
そこで　政丞も　しようごとなくて、
ひとり娘を　せむしにくれる。

せむし　よくよく　果報《かほう》な男、
科擧《かきょ》に　とほつて　慶尙監司《けいしょうかんし》(四)、
せむしや　政丞の　おむこでござる、
せむしや　慶尙監司でござる。

(一)京《ソウル》——都《みやこ》。王さまのおひざもと。
(二)科擧《かきょ》——位《くらゐ》につくためのしけん。

(三)政丞《せいじょう》——大臣。
(四)監司《かんし》——一道のかしら。いまの知事。

虎にのつた干柿

赤ちゃんが泣《な》きやまないので、お母さんがいひました。

「ほら、虎《とら》が來たよ。大きな虎だよ。こわい、こわい。」

けれども、赤ちゃんは泣きやみません。「虎が來た」とか、「鬼が來た」とかいつもさういつて、だまされるので、赤ちゃんは、へいきです。

ところが、そのとき、ほんものの虎が、ちようどこのお家の、灯《あか》りのついてゐる窓《まど》ぎはに、うづくまつてをりました。食べものをさがして、山から降《お》りて來たところです。

虎は、おどろいてしまひました。

「なんてまあ、強い子だらう。このわしを、こわがらないとは――。」

さう思ひながら、きき耳を立ててゐますと、こんどは、

「そら干柿《ほしがき》。」

と、またお母さんのこゑがしました。

赤ちやんの泣きごゑが、きうにぴたりと止まりました。干柿をもらつて、きげんをなほしたのです。それを、外で聞いてゐた虎は、すつかり感ちがひしてしまひました。

「干柿といふのは、一たい何だらう。このわしよりも、よつぽど、おそろしいものにちがひない。」

これは、早くにげるにかぎると、虎は一《ひと》あし、うしろへ退《さが》りました。

そのとき、何だか虎のせなかに、ひらりと、とびのつたものがあります。虎は、びくびくしてゐたところへ、いきなり何かがとびのつたので、肝《きも》をつぶしてしまひました。

「これだ、干柿といふおそろしいやつは――。」

さう思ふと、もうぢつとしてゐられません。助《たす》けてくれといはぬばかり、一目《いちもく》さんに逃《に》げ出しました。せなかに、「おそろしい干柿」をのせたまま――。

虎のせなかに、とびのつたのは、牛どろぼうでありました。くらがりに立つてゐる虎を、てつきり牛だとまちがへたのです。けれども、のつてみて、牛ではないと氣がつきました。牛どころか、それはおそろしい

虎のせなかです。

「これは大へん。いまのうちに、とびおりないと、いのちが危《あぶな》い。」

さうは思つても、もうだめです。虎が、めくらめつぽう駈《か》け出してゐるので、とびおりようにも、おりられません。

虎は、おそろしい干柿から逃げ出したい一心で、どこまでも駈けつづけます。牛どろぼうは牛どろぼうで、虎のせなかにゐると思ふと、生きたここちがしません。

そのうちに、あんまり虎はむちうに駈けたので、大きな岩かどに、ぶつかりました。スツテンコロリと、ころがります。そのはづみに、せなかの牛どろぼうが、ふり落されました。

「やれ、ありがたや。助かつた。」

牛どろぼうは、生きがへつた思ひです。

虎は起きなほるなり、あとをも見ずに、また駈けながら、身ぶるひをして、つぶやきました。

「なんておそろしい目に、あつたものだらう。もうこりごりだ。干柿などといふやつには、二度と出あふまい。」

わるい虎

わるい虎が、お婆さんの大根畑《ばたけ》に出て來ては、毎晩のやうに、大根を食ひあらしました。お婆さんもこれには困りましたが、どうすることもできません。

とうとう、いゝしあんをめぐらして、ある日、虎に申しました。

「虎のぢいさんや。大根なんぞ食べてゐないで、今晩うちへおいでよ。おいしいあづき粥《がゆ》を、ごちそうするから。」

さういつてお婆さんは、家へかへるなり、おほいそぎで、仕度《したく》にかか

りました。

まづ、火鉢に火をおこして、裏へ出して置きました。

つぎは、お台どころの水がめの中に、赤い唐辛子《とうがらし》の粉《こな》を浮《うか》べました。

こんどは、ふきんに、針を一ぱい刺《さ》して置きました。

それから、お台どころの入口には、牛の糞《ふん》を、そこいらぢう、まき散らして置きました。

お庭には、稲を干《ほ》すときにつかふ大きなむしろをひろげました。へいの内側には、ものを背負《せお》ふときの「やせうま」を立てかけて置きました。

すつかり仕度ができると、お婆さんは知らんかほをして、お部屋の中に入り、虎が來るのを待ちました。

暗くなつてから、虎がのそのそやつて來ました。そして、お婆さんに

こゑをかけました。

「おや、虎のぢいさんかい。ま、お入り。」

お婆さんは、お部屋の戸をあけると、きげんのよいかほでいひました。

「さう、さう、今晩はとても冷《ひ》えるから、氣のどくだけれど裏《うら》へ行つて火鉢を運《はこ》んで來てもらはうかい。」

「いいともよ。」

虎は氣がるに引受けて裏へまはりました。そして火鉢を持上げようとしましたが、見ると、火が消えかかつてをりました。

「お婆さん、お婆さん。火なんかありやあせん。おほかた、消えてしまつたよ。」

虎がさういひますと、お婆さんは、お部屋の中からへんじをしました。

「さうかい。そんならかまはず、上からどんどん吹いておくれ。そしたら、ぢきおこるから。」

さういはれると虎は、火鉢の上に口を寄《よ》せて、ぷうぷう息を吹きかけました。そのはづみに灰《はい》が舞《ま》ひ上り、虎の目の中に入りました。虎はあはてて目をこすりましたが、こすればこするほど、痛くなるばかりです。

「お婆さん、お婆さん。目の中へ灰が入つた。どうしたもんだろ。」

虎が苦しさうに、さういふのを聞くと、お婆さんは、

「やれやれ、氣のどくな。そんならお台どころへ行つて、水がめの水で洗《あら》うて見なされ。」

と、教へました。

虎は、いはれた通りにしましたが、なにしろ唐辛子の水だからたまり

ません。兩方の目玉がひりひり痛んで、いまにもつぶれるかとおもはれました。

「お婆さん、お婆さん。さつきよりも、もつとわるい。どうしたらよかろ。ああ、痛い、痛い。」

虎は兩方の目を押さへて、足を、ばたばたさせました。

「さうかや。そんなに痛いかや。そんならこんどは、ふきんで、ふいてみるがいい。」

お婆さんに教へられて、虎は苦しまぎれに、ふきんを取るなり、ごしごし目をこすりました。ところが、こんどは針が目に刺さつて、氣が狂《くる》ひさうになりました。

虎はそのときになつて、やつと、お婆さんにだまされたと氣がつきま

した。それで、逃げようと台どころをとび出したところへ、牛の糞《ふん》にすべつて、スッテンコロリと轉《ころ》びました。すると、庭のむしろが來て、ぐるぐる虎を巻《ま》き込んでしまひした。そこで、とことこと「やせうま」がやつて來て、むしろぐるみ虎をのせたとおもふと、ひとりでに走つて行つて、わるい虎を、海の中へほうり込んでしまひました。

ろばの耳の王さま

新羅《しらぎ》に、景文王《けいぶんわう》と申上げる王さまがゐられました。おなさけぶかい、よい王さまでしたから、國ぢうの人たちは、こころから、お慕《した》ひ申上げてをりました。

ところが、不思議《ふしぎ》なことが、王さまのお身《み》の上にもちあがりました。いつからか急に、お耳がのびて、お頭《つむ》よりも高くなつたのです。いくらお偉《えら》い王さまでも、これには全くお困《こま》りになりました。鏡《かがみ》でごらんになると、ちようど、ろばの耳とそつくりです。

けれども、このことは、王さまお一方《ひとかた》のほかに誰《たれ》も知りません。それといふのは、お耳がのび出すとすぐに、烏帽子《えぼし》づくりをお呼びになつて、兩方のお耳がすつぽりと隱《かく》れるやうな頭巾《づきん》を仕立《した》てさせました。そして王さまは、お休みになるときも、この頭巾をお取りになりません。そこでお傍《そば》につかへる御家來《ごけらい》も、王さまのお耳のことは、すこしも氣づかずにをりました。

國ぢうで、ただ一人、王さまのお耳の秘密《ひみつ》を知つてゐるものがあります。それはほかならぬ烏帽子づくりでした。烏帽子づくりのおぢいさんは、王さまからかたく口止《くちど》めをされてゐましたから、誰にもいひません。いひませんが、ときどき思ひ出すと可笑《おか》しくなります。可笑しくなればついくすりくすりと笑《わら》はずにゐられません。

おぢいさんが、思ひ出し笑ひに笑ふとき、傍にゐるものは、なんのことやらわけが分《わか》らず、

「可笑しいことなんかないのに、おぢいさんは、なにをひとりで笑つて

ゐるのだらう。」

さう思つてへんな顔《かほ》をします。それも二度三度と、たび重なると、い

よいよ、うす氣味《きみ》わるくてなりません。

「おぢいさんは、いつたい、なにが可笑しいのです。一人で笑つてゐないで、わけを話して下さいな。」

さういつて、聞き出さうとしても、おぢいさんは、口を開《ひら》きません。

「うむ、なに、べつに可笑しいことなぞないよ。」

いつも、口をもぐもぐさせて、ごまかしてしまひます。

「へんなおぢいさんだよ、ほんたうに――。」

みんなは、おぢいさんが、わけをいはないので、しまひにはあきらめて、「へんなおぢいさん」にきめてしまひます。

おぢいさんの思ひ出し笑ひは、何年たつても止《や》みません。ろばのやうな王さまのお耳を考へると、頭巾をおつくり申上げたときの有様が、目

の前に浮《うか》びます。何年たつても、それはきのふのことのやうで忘《わす》れられません。お頭《つむ》の兩がはにそぎ立つろばのお耳――おまけに、そのお耳はやつぱりろばのやうに、ぴよこぴよこと動くのです。それを思ひ出すとついまたくすりと笑ひ出してしまふのです。

誰も氣づかない、自分だけが知つてゐる秘密《ひみつ》――、それは、どんなことがあつても、人には話せない秘密です。さうなると、一層話したいのが人情《にんじやう》で、おぢいさんとて、そのうづうづした氣持は同じです。それを何年となく、ただぢつと腹《はら》の中へしまつて置くのは、容易《ようい》な辛抱《しんぼう》ではありません。

「ああ、誰かに話したい。誰かに一度だけでも話してしまへたら、どんなに胸《むね》がせいせいするだらう。」

さう思つてはみるものの、ほかならぬ王さまのお身にかかはること、うつかり口をすべらしたら、それこそ、命《いのち》を召《め》し上げられるかも知れません。どんなにうづうづしても、これぱつかりは、口から外へは出せないのです。

烏帽子づくりの、おぢいさんが、かうしてこらへにこらへてゐるうち何年かがまた過ぎました。もう寄《よ》る年波《としなみ》で、おぢいさんも先が永《なが》くはありません。それを思ふにつけ、王さまのお耳のことを、自分ひとりの胸にしまつて死んでゆくのが、なんとしても我慢《がまん》出來ない氣持です。

「いままでは、こらへもした。せめて死ぬ前に、一度だけでも、心の荷《に》物《もつ》を下《お》ろして目をつむりたい。」

かう思ふと、もう矢も楯《たて》もたまりません。けれども秘密はやつぱり秘

密です。今の今まで、誰一人知るもののないお耳のことを、ここでおぢいさんがもらしては、王さまに申しわけが立ちません。

おぢいさんは、ある日、杖《つゑ》にすがつて、お城の外に出てゆきました。胸の中が、もやもやして、ぢつとしてはゐられません。それであてもなしに、お城を出て來たのです。

お城の外に、一ぱい竹の生《は》えてゐる藪《やぶ》があります。風が吹《ふ》きすぎるたびに、ざわざわと竹が鳴《な》ります。おぢいさんは、そこまでたどりついて、ふと足を止《と》めました。そして何思つたか、急ににつこり笑ふと、兩手を口にあてて竹藪《たけやぶ》へ怒鳴《どな》りました。

「王さまのお耳はなあ、ろばの耳だよ、ろばの耳。」

體《からだ》ぢうの力をふりしぼつて、さう叫《さけ》ぶと、何十年の胸のつかへが一ぺ

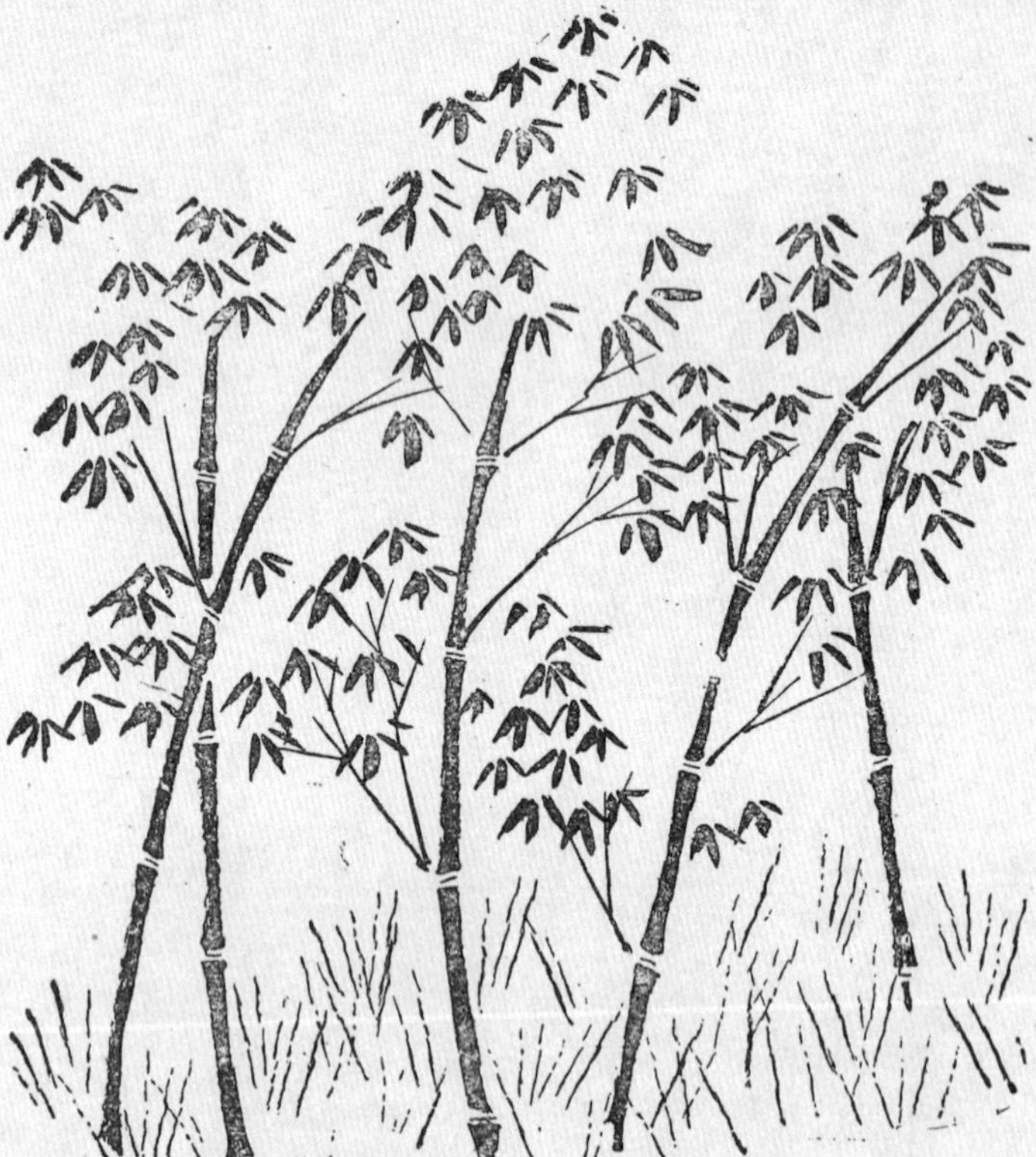

んに下りたやうな、樂《らく》な心地《こゝち》になりました。おぢいさんは「ああ、せいせいした」といはぬばかり、はれやかな顔で、もと來た道へ引きかへしました。そして、お家へかへると間もなく、思ひ殘《のこ》りのない安らかな氣持で、この世を去《さ》りました。

それからといふもの、お城の外の竹籔は、風の吹く日になると、竹がざわざわ鳴りながら、

「王さまのお耳　ろばの耳、

「王さまのお耳　ろばの耳。」

と、ささやくやうになりました。人人は不思議《ふしぎ》に思ひましたが、やがて、このことが王さまの御殿《ごてん》に傳《つた》はると、ろばのお耳の王さまは、大層《たいそう》

御氣色《ごきしよく》を損《そん》ぜられました。そして、御家來にいひつけて、その竹籔を、すつかり伐《き》りたほしてしまはれました。

竹籔を伐り拂《はら》つたあとへ、お百姓《ひやくしやう》さんは山椒《さんしやう》を植《う》ゑました。山椒畠《ばたけ》に風が吹きわたると、こんどもやつぱり、つぶやくやうに、山椒の葉がさらさら鳴りながら、

「お耳はろばだ。」

「お耳はろばだ。」

と、くりかへすやうになりました。それでとうとう、王さまのお耳の秘密は、すつかり知れわたつてしまひました。けれども王さまは、「憎《にく》い山椒ぢや。」と、お笑ひになつて、もう、刈りとれとは、おつしやいませんでした。

樽男

木こりが、重い薪木《たきぎ》をしよつて、山みちを下りて來ました。正直で、お人よしで、少しばかり足《た》りないと、人にいはれる男でした。

ちようど、村みちにさしかかつたところで、お役人さまの行列《ぎやうれつ》が、向ふから來るのに出あひました。道を通る人たちは、行列の邪魔《ぢやま》にならないやうに、わきの方へ寄りました。大ぜいのお供《とも》をつれて、行列はだんだん近づいてまゐりました。

なにしろせまい田舍《いなか》みちです。大きな荷物《にもつ》をせおつてゐるので、思ふ

やうにはよけられません。木こりが、まごまごしてゐると、行列の先に立つたお供のさむらひが、じやけんな聲《こゑ》で叱りました。

「こりや無禮《ぶれい》もの、お通りが目に入らぬか。」

さういふと一《いつ》しよに、さむらひは、木こりを道の外《そと》に突きのけました。重たい薪をせおつたまま、どんと突かれたからたまりません。よろよろとよろめくと、木こりは薪木もろとも、ざぶんとばかり水田《みづた》の中に、落《お》ちこんでしまひました。

行列は、知らぬ顏で通りすぎてゆきました。田の中に尻《しり》もちをついて泥《どろ》だらけになつた木こりは、おいおい聲をあげて泣《な》き出しました。

「なんぼ、お役人さまでも、あんまりだ。おいらになんの科《とが》があつて、こんなひどい目にあはせるだ。」

からいつて、おんおん泣きながら、大聲でわめきました。いつまでも泥の中に坐《すわ》つて、起《お》き上らうともしないのです。そのかつこうが、あんまり可笑《おか》しいので、道を通る人たちが、腹をかかへて笑ひました。

笑はれると木こりは、よけいにくやしくなりました。

「いまに見てゐな。おいらも役人になつて、このしかえしはきつとしてやるから――。」

おほまじめに、さういふと、田の中に落ちてゐる薪木も、背《せ》おひはしごも打つちやつて、ぷりぷりしながら村の方へかへつてゆきました。

木こりは、どうかして役人になりたいと、そればかりをかんがへるやうになりました。そして人の顔さへ見れば、

「どうしたら役人になれるだ。教《おし》へてくだされ。」

と、せがみました。

もともと、ちゑが足《た》りないのを、誰でも知つてをりました。せがまれても、まじめに取合《とりあ》ふものはありません。ところが、じようだんの好《す》きなお年寄《としより》が、あまりしつこくせがまれるので、からかつてやる氣でいひました。

「わけのないことさ。都へ上《のぼ》つて三年もころがつてりや、役人さまなんか、ひとりでになれるよ。」

お年寄が、笑ひながらさういつたのを、ばか正直な木こりは、すつかり眞《ま》に受《う》けました。

「三年ころがつて、役人になれりや、なんのそれしきのこと、おいらに

だつて出來る。」
やつと工夫《くふう》がついたとばかり、木こりは大よろこびで禮をいひました。
それから間もなく、木こりのすがたは、村から見えなくなりました。

ここは王さまのお膝《ひざ》もとです。役人になる手づるをさがして、田舍から出て來た人が、都にはごろごろしてゐました。三年もさうしてゐるうちには、よいしあはせにめぐりあつて、役につける人もありました。けれども、大ていの人は、二年三年ゐるうちに、もちあはせのお金をつかひはたして、すごすごと歸つてゆくありさまでした。
その都の眞中に、不思議《ふしぎ》な男があらはれました。頭から足さきまで一ぱいぼろを卷《ま》きつけて、朝から晩までごろごろと、都の大通りをころが

るのです。二本の足がありながら、足の世話《せわ》にはなりません。見てゐるとそのかつこうが、ちようど、細長い樽《たる》のやうです。それで誰いふとなく、この不思議な男を「樽男《たるをとこ》」と呼《よ》びました。

お城の外《そと》に小屋《こや》をかけて、夜はそこで眠《ねむ》ります。おなかが空《す》いたときは、よそのお家《うち》の残り御飯《ごはん》をもらつて食べます。さうして、雨さへ降《ふ》らなければ、毎日都の大通りをごろごろと、ころがつてまはるのです。不思議といへば、こんな不思議な男はありません。

この樽男こそ、役人になりたい一心で、都へ出て來た木こりでした。三年ころがるといふのを、言葉のとほりに眞に受けたのです。

「三年さへころがつてゐりや、いまにきつと役人になれる。」

さう一度思ひこむと、決してそれを疑《うたが》ひません。人がどんなに笑つて

も、どんなに不思議な目で見ても、そんなことは一向氣《いつこう》にもかけませんでした。

樽男が都へあらはれて、一年あまりもたちました。今では都ぢうで、この樽男を知らないものはありません。

「あれは役人になるのださうな。」

樽男ののぞみを知つて、人々は笑《わら》ひました。

「身のほど知らずの、いも虫奴《め》！」

さういつて、さげすむ人もありました。

けれども、都でただ一人、さげすまない方がおありでした。それは九重《ここのへ》の御殿に住む、この國の王さまでした。

王さまはある晩、お供をただ一人だけお連《つ》れになつて、城門《じやうもん》の外の、

むしろ小屋へお立よりになりました。樽男は晝間の疲《つか》れで、ぐつすり寢《ね》入《い》つてをりました。

お供の人が手をかけて、樽男を起しました。起されて樽男は、ぶつぶつ文句《もんく》をいひながら、そこに立つてゐられる王さまを、うさん臭《くさ》さうに見上げました。

「お前が毎日、都の巾をころがつてゐるのは、役人になりたいためぢやさうな。それに相違《そうい》はないか。」

王さまは、やさしいお言葉で、さうおたづねになりました。

もとより樽男は、王さまのおしのびと知るよしもありません。ぼりぼり腹を搔《か》きながら、つつけんどんに答へました。

「さうだとも。おいら、どうしても役人になるだよ。」

「ほう。して、どんな役人がのぞみぢや。」

王さまは、重《かさ》ねておたづねになりました。

「どんな役人て、そんなことおいら知らない。なんでも役人にさへなれりやええだ。」

この返事《へんじ》には王さまも、思はずふき出してしまはれました。

「たとへばぢや。監司《かんし》のやうな偉い役人でもよいか。」

「ええとも。」

王さまが、お問ひになると、樽男は、なんのおそれげもなしに、うなづきました。

「判書《はんしょ》でもよいか。」

「ええとも。」

「政丞《せいじよう》はどうぢや。」

「ええとも。」

どこまで行つても、「ええとも」の一點ばりです。政丞といへば、國のまつりごとを司《つかさど》る大臣です。それでもいいといふのですから、おどろくほかはありません。

王さまは、樽男の返事が、あまりにすらすらと出て來るので、張合ひぬけがされました。そこでもう一度、

「王さまでもよいか。」

と、お問ひになりました。

「ええとも。」と、口まで出かかつた返事が、きふに引つこみました。「なんといふか」と、その答をお待ちになつてゐると、樽男はなに思つたか、

いきなり立上つて、王さまのお頰《ほほ》を、あつといふ間に打ちすゑました。

「ふてえ奴《やつ》だ。とつとと、出て失《う》せやがれ。」

王さまは國ぢうにただお一人ゐるものと、樽男もそれだけは、心得てをりました。そこで「王さまになるか。」と問はれ、この不忠者が――と、腹を立てたのでありました。

王さまは、樽男の、この無禮なふるまひにも、お腹立《はらだ》ちにはなりませんでした。それどころか、かへつて賤《いや》しい山男の一本氣《いつぽんぎ》な忠義《ちゆうぎ》ごころに深く感ぜられました。そして、なにもおほせられずに、御殿へおかへりになりました。

御殿へおかへりになると、王さまは大ぜいの御家來を集めて、このや

うに申されました。

「あの樽男は、ちゑこそ足りないが、見上げた立派な男ぢや。三年ころがれば役人になれると人にいはれて、どこまでもそれを信じるのは、こころに邪《よこしま》のないしるしである。一度思ひ立つたことを、人がどういはうとも、しまひまでやり遂げようといふのは、勇氣ぢや。その上忠義も心得てをる。これだけ揃《そろ》へば位《くらい》を授《さづ》けてもよいはずぢや。あの樽男に卿曹《けうそう》の位を授《さづ》けるがよい。ただし、郷《くに》へかへつて五日《いつか》の間だけぢや。一度のぞみがかなへば、もう思ひのこすことはあるまい。」

王さまのこのお言葉は、御家來の人たちにも、大層《たいさう》よい訓《おし》へになりました。翌《あく》る日樽男は、夢のやうなしあはせにおどろきながら、卿曹判書《きようそうはんしよ》といふ重い位に就《つ》きました。そして、いつか自分をひどい目にあはせた

その行列よりも、ずつと立派《りつぱ》な行列を仕立てて、にぎにぎしく田舎へかへつてゆきました。

五日が過ぎると、もう位は、王さまにおかへししなければなりません。樽男は、のぞみがかなつてよろこびましたが、重い位のきゆうくつさに、すつかり困つてをりました。それで五日ののちに、もとの木こりにかへつても、少しもこころ惜《お》しくは思ひませんでした。

一度のぞみをはたした木こりは、さつぱりしたよい氣持で、また昔のやうに斧《おの》をかついで、山へ上つてゆきました。

兎のきも

龍宮《りゆうぐう》の乙姫《おとひめ》さまが、重い病氣《びようき》になりました。どんなおくすりを用《もち》ひてみても、さつぱりききめがありません。龍宮の王さまは大層《たいそう》しんぱいされて、

「誰《たれ》か、よいくすりを、知つてゐる者はないか。」

と、家來たちを集めて、たづねました。

「おそれながら――。」

王さまの前に進み出たのは、ご家老の鰈《かれい》です。

「――乙姫さまの、ご病氣をおなほしするくすりは、この龍宮にはございません。人間の世界《せかい》に兎《うさぎ》と申す生きものがございます。その兎の生《いき》肝《ぎも》が求《もと》められますなら、もうご病氣は、おなほりになつたも同じでございます。」

鰈が、かう申上げると、龍宮の王さまは、

「その兎とやらを、召捕《めしと》つて來るものはをらぬか。」

と、大ぜいの家來たちを見廻はして、重《かさ》ねてたづねました。

そのとき、のそのそと出て來たのは、龜《かめ》です。

「王さま、そのお役目なら、わたくしめにおいひつけ下さい。はばかりながら、人間の世界へ行つて、兎を召捕つて來られるものは、わたくしめのほかにはございません。」

いかにも自慢《じまん》さうに、さう申し出ましたから、王さまは喜んで、その
お役目を龜に申しつけました。
龜は、さつそく龍宮をあとに、人間の世界へやつて來ました。そして
うまい工合《ぐあい》に一匹の兎を見つけ出しました。
「おいおい、兎さん。いつ見てもきみは、きれいな身《み》なりをしてゐるね。
それに、お目目だつて赤いしさ。まるで寶石《ほうせき》みたいだよ。」
龜は、ありつたけの、おせじを並《なら》べて、兎のごきげんをとりました。
ほめられると兎も、わるい氣持はしません。
「いや、兎はみんなかうなんだ。なにも、僕ばかりぢやないさ。」
「ところでね、兎さん。きみは龍宮の見物《けんぶつ》がしたいとは思はないかい。
そりやあ、きれいなところだぜ。ちようど龍宮にお祭りがあつてね。

きみがよかつたら、いつでも道案内《みちあんない》をするよ。」

兎は、龜にさういはれると、すつかりその氣になりました。

「それは、ありがたいね。ぢやあ、連《つ》れて行つてもらはうか。」

「いいとも、いいとも。すぐに僕の背中《せなか》に乘りたまへ。」

龜は二つ返事でしようちをすると、浦島《うらしま》さんを乘せたときのかつこうで、背中に兎を乘せました。そして、ゆうらりと波の下をくぐつて、やがて龍宮の門の前に着きました。

何も知らない兎は、けふこそ龍宮の見物が出來ると、喜《よろこ》んでをりました。ところが、うまくだまして、兎を連れて來られたうれしさに、龜は龍宮の入口まで來ると、ほんたうのことを兎に打明けました。

「ね、きみ、わるく思はないでくれよ。ほんたうはね、龍宮の見物にき

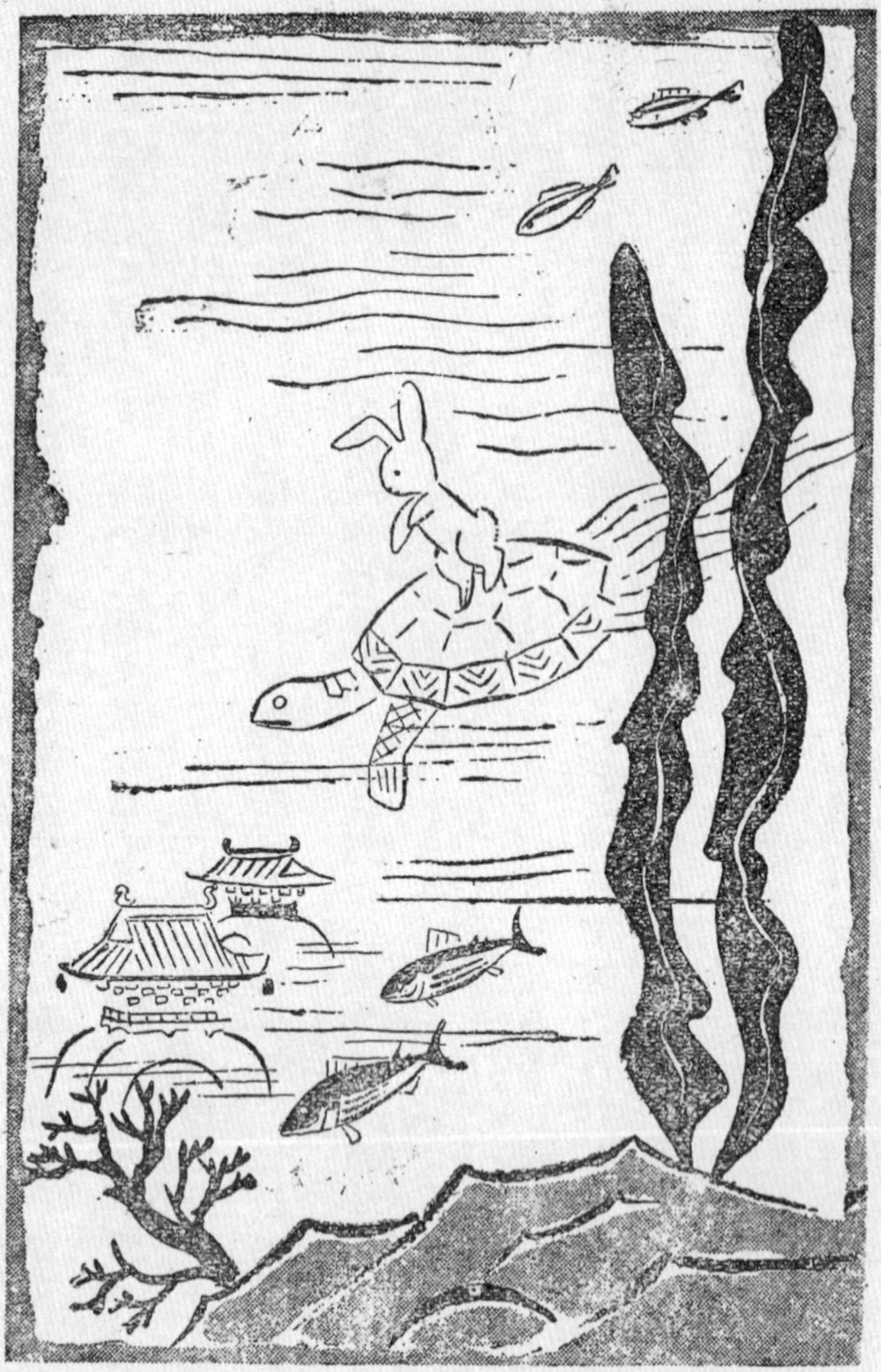

みを連れて來たんぢやないんだ。乙姫さまが、ながいわづらひでね、きみの生肝でないと、そのご病氣はなほらないんだよ。それで王さまのおいひつけで、きみをだましてここまで連れて來たのさ。」

兎はしまつたと思ひました。そんなわるだくらみがあらうとは、夢にも思はなかつたことです。けれども、うはべは何氣《なにげ》ないやうすで、さも氣の毒《どく》さうに龜にいひました。

「さうかい。そんならさうと、早くいつてくれればいいのに。ほんたうに氣の毒をしたね。きみはせつかく僕を連れて來たけれど、むだだよ。だつて僕は、肝を抜《ぬ》きとつて、岩の上に干《ほ》して來たもの。」

龜はびつくりして、聞きかへしました。

「じようだんをいふなよ。肝が抜きとれるなんて、そんなばかなことが

あるものか。」

すると、兎は、さもさも、ほんたうのやうな顔つきで答へました。

「さう思ふだらう、ところがきみは、まだ僕たち兎のことを、よく知らないんだ。兎はね、ひと月のうち、十五日だけは肝が取り出せるんだよ。そして、その肝を洗《あら》つては干《ほ》しておくのさ。だから、いまは僕、肝をもつてゐないんだ。きみが早くさういつてくれれば、肝なんて、いくらでも代《かわ》りがあるから、きみに一つ上げたのに。」

どこまでも兎は、眞顔《まがほ》です。龜はそれを聞いて、がつかりしてしまひました。

「さうとは知らなかつたよ。きみをだまして、わるかつたね。」

「なに、いいんだよ。ところで、きみはどうしても、僕の肝がいるんだろ。」

「そりやいるよ。なにしろ乙姫さまのご病氣には、きみの肝だけしか、おくすりがないもの。」

「それぢやね、すぐに僕たちは引きかへさうぢやないか。きみが、もとのところへ僕を連れてかへつてくれたら、干してある生肝をきみに渡すよ。それでいいだろ。」

兎はいかにも、思ひやりのこもつた口ぶりです。こんどは龜が、まんまと一ぱいくはされました。

「いいともさ。さうしてくれりや助かるよ。」

そこで龜は、龍宮の入口からまた兎を乘せて、もとの濱邊《はまべ》へ引きかへしました。

さて、陸《りく》に着いたら、もう兎は自分の天下《てんか》です。

ぴよんと元氣よく、龜の背中からとび降《お》りると、からからと腹《はら》をかかへて笑ひ出しました。

「龜クン、あんまりきみは、りこうぢやないね。出し入れの出來るそんな肝が、どこにあるもんか。肝はちやんと、この腹の中にしまつてあるよ。あつはつはは……。」

さういつて、またも體をゆすりながら、大笑ひに笑ひました。これには龜も二の句がつげません。いつかのかけくらべには、見事兎を負かした龜も、こんどばかりは舌打《したう》ちをして、すごすごと、龍宮へかへつてゆきました。

おぼえがき

——指導者方へ——

日本はいま、歴史あつて以來の大きな試錬の中に立つてをります。いまさら昔ばなしでもあるまいと、著者である私自身、これは考へることでありますが、今日私たちの立つてゐる位置が重大であればあるほど、目先の考へ方を警戒しなければならないのも一面の眞實です。

北へ、南へ、全日本の關心が翼をひろげつつあるのは頼もしいかぎりですが、足もとをしつかりと踏みしめてかかるのは、もつと大切な事柄かと考へられます。いまだに朝鮮鐵道局あたりへは、「虎はどの地方に出るのか」と、內地の旅行者から問

合はせが來ると聞いてゐます。こんなことでは、大東亞圏の確立も心細いと申さねばなりません。

大東亞を一つの海にたとへるなら、日本はその海へ流れ入る一すじの河だといへます。そして、この日本といふ河には、本州のほかに、朝鮮・臺灣をはじめ、琉球だの、アイヌだのといふ文化の支流が流れ入つてゐるのです。その中でも一番源の遠く古いのが朝鮮だといへませう。源が古いだけに川の旅もながく、そこには、さまざまな思ひ出、川の旅の歴史がかくれてゐなければなりません。古くから傳はる朝鮮の昔ばなしも、やはり、かうした「川のものがたり」の一つです。

さて、朝鮮の傳承童話をしらべて見ますと、そこには日本固有の昔ばなしと共通した點もあり、また異つた點も尠くありません。昔ばなしと名がつけば、どこの國の

もさうでありますが、迷信的な要素が大部分を占めてゐます。儒敎思想の影響を受けて、孝道が慫慂され、老人を敬ふといふ氣風がひろまつてゐるのは大變結構なことですが、その半面には、年を自慢したがつたり、科擧《かきよ》（官試《くわんし》）に通るのを何よりの幸福と考へたりする厄介な傾向も現はれてゐます。「恩をかへした虎」「果報せむし」などに「科擧」へのあこがれが見えてゐるなどは、その例です。年自慢では代表的な寓話が加へられたのですが、これは他の差障りで省くこととしました。そのほかにも、今日の兒童たちへの影響を考慮して、最初の原稿から都合四篇だけ省いてゐます。

初めの「日を迎へるいりうみ」以下三篇は、いづれも天體（日・月・星）を主材とした點で共通してゐます。「天」を第一とする心持と、とりわけ「日を迎へるいりうみ」は、内鮮二つを取結ぶ深い示唆《じさ》のあるところから最初に置くこととしました。

其他、分類の心持は、およそ次の通りであります。

天體傳說
- 日を迎へる　いりうみ
- 火の玉の　ムク
- 金のつなの　つるべ

報恩型
- 大蛇と　ひきがへる
- 恩をかへした虎
- かぼちやのたね

佛敎思想
- すてられた　かひこ
- お地藏さまの赤い目
- 赤いあざ

寓話
- きじと　はとと　かささぎ
- なまけ　蟻

石の鐘
山人蔘と　如來さま
めくら　ねずみ
河べりの　お墓
果報せむし
虎にのつた干柿
わるい虎
ろばの耳の王さま
樽　男
兎の　きも

孝道慫慂

譏笑諧謔

「なまけ蟻」までの十一篇が前半で、「石の鐘」から改めて後半が始まる心持でありま す。それぞれの話について、心おぼえを手短かに申添へておきます。

＜日を迎へる　いりうみ＞

「三國遺事」の古記に據るもので、これは朝鮮の教科書にも取入れられてゐます。歴史以前、すでに内鮮間に、この心の楔《くさび》のあつたことを、幼い人たちに思ひひそめさせたいものです。日月は古代の人たちの、畏れかしこみ、伏しおろがむ貴い神の御姿でありました。その日月を大和へ遷《うつ》されたと幻想し、再びお裾分を得て迎へ來たとなす古代の人のおほらかな心情、曇りを知らぬ生活精神――、それを見落してこのものがたりの意味は成り立ちません。

＜火の玉のムク＞

「皆旣日食」や「コロナ」の名を知らぬ子供は今日の日本にはありません。それ故に安心してこの童話は與へられます。愚かしい空想と嗤ひ去る前に、「假りに」と

いふ前提を借りて、日月への感謝と興味を新たにすることも期待されるのです。

〈金のつなの　つるべ〉

朝鮮童話の一つの典型ともいふべきもので、ここには「生活の臭ひ」があります。日・月・星に關する昔ばなしは、他にも數多くありますが、その意味からこれを採りました。

〈大蛇と　ひきがへる〉

〈恩をかへした虎〉

全鮮のどこにもある、ごく普遍的な昔ばなしで、「大蛇とひきがへる」は、大蛇の代りに「蜈蚣《むかで》」となつてゐる地方も多いやうです。もとの形では、娘が「人身御供」となつて大蛇の穴の前に運ばれるといふ筋になつてゐますが、「人身御供」はおだや

かでありません。それで犠牲的精神を强調して、筋を變へてあります。
「恩をかへした虎」は、後半が、「三國遺事」の中の「虎願寺由來」といふ話に酷似してゐますが、これも、單純性を害はぬため、止むを得ず手加減を加へたものの一つです。

〈かぼちやの　たね〉
說話文學の代表ともいふべき「興夫傳《こうふでん》」といふ物語が、この話の母體です。「興夫傳」では、貪慾な兄から受ける迫害の數々が事こまかに物語られてあり、これ一つで獨立した一冊の黃表紙本になつてゐます。

〈すてられた　かひこ〉、
〈お地藏さまの赤い目〉

勸善懲惡の教訓は「かぼちやのたね」に異りませんが、前者が說話型であるにくらべて、この二つは傳說型をとつたものです。「すてられた かひこ」は、平南鎭南浦の雷山《かみなりやま》について、「お地藏さまの赤い目」は、咸南定平郡宣德面廣浦について、それぞれ語り傳へられたものです。一夜にして沼と化したものがたりは內地にもありますが、この二篇には共通した「警め」の中に、前者は蠶への愛情を、後者には「ノアの洪水」を聯想させる宗教的な要素を匂はせてゐます。

＜赤いあざ＞

新羅の古傳に據るといふ支那の畫工の挿話であります。この畫工が、やがて朝鮮に來て、衆生寺の大悲像を描き上げたといふ後日譚はここでは省きました。

＜きじと はとと かささぎ＞

＜なまけ蟻＞

朝鮮のイソップ——、類話に蚤・虱・南京虫などを諷したものが多いのですが、奇に墮ちぬところでこの二篇を擇びました。

＜石の鐘＞

＜山人蔘と如來さま＞

二つながら、母のために吾子を犧牲にするといふ共通した主題によつて、人倫の絶對境としての「孝」を描いてゐます。「石の鐘」は、やはり「三國遺事」から採つたもので、このものがたりの生れたといふ新羅は、佛敎全盛の時代であつたことも思ひ合はせられます。

＜めくらねずみ＞

＜河べりのお墓＞

「孝」を主題とした點で、「石の鐘」の同型と見られますが、「河べりのお墓」などは寓話の一つと取るべきでせう。「めくらねずみ」では「訓へ」が強く、「河べりのお墓」には、雨蛙の鳴聲に伴ふ「哀愁」が伏線となつてゐます。

＜果報せむし＞

敍事童謠として試みたものの一つ――、この場合、散文で書かれたものよりは兒童の理解が困難のやうに思はれます。指導にあたる方の説明が補足されることを望みます。

求めず、强ひない「遊び場所」といふ心持で、諷笑五篇を最後に置きました。

＜虎にのった干柿＞

＜わるい虎＞

は、「虎と朝鮮」の親しさについて代辯するものがあらうかと思ひます。但し、これは昔ばなし――、今の朝鮮に虎などはゐないといふことを言ひ落してはことです。

＜ろばの耳の王さま＞

＜樽　男＞

は、二つながら野史に見えてゐる挿話で、「ろばの耳の王さま」と殆んど同じ話がホッテンドットの理髪師の話にあります。七百年も前の朝鮮の書物にある話ですから、西洋の燒直しでないだけは確かです。

內地にあるのと殆んどそつくりな昔話が、朝鮮童話には尠くありません。內地の「羽衣傳說」や「松山鏡」「こぶ取り爺さん」などが、いづれもその例ですが、どち

らが母屋《おもや》で、どちらがひさしか、その詮議はぬきにして、見本に一篇だけ、

＜兎のきも＞

を最後に添へて置きました。内地に古くからある「くらげのお使ひ」と、同じもので、くらげが龜と置き換へられてゐるに過ぎません。東北地方の昔ばなしを集めた「聴耳草紙」などにも、朝鮮から移されたと思はれる類話が數多く見受けられます。かうしたところにも、民俗研究の興味深い課題が殘されてゐるやうです。

孫晋泰氏の「朝鮮民譚集」から擇んだ幾つかの資料について、同氏の快諾を感謝します。つねに思ふことですが「きのふ」を振りかへることは「新しい明日《あす》」へ身構へることとです。小さい童話集一つに托するには餘りに大きな期待ですが、朝鮮に生れた子供たち、内地の子供たちが、相携へ、手を取合つて進むための「理解」と「心の交流」の上に、少しでもこれらの古い話が役立つてくれるとしたら、こんな喜ば

しいことはありません。

鎌倉長谷、　甚　平　記

著者略歴　明治四〇年釜山絶景島に生る。昭和四年、京城日報社記者。昭和八年、朝鮮兒童敎育會を起し「兒童世界」、「新兒童」「木馬」等の科外雜誌を主宰。十二年まで。

著書——朝鮮口傳童民謠に關する七册（岩波文庫二、新潮文庫一、第一書房其他四）「朝鮮史譚」「恩田木工」、譯詩集「乳色の雲」及び「朝鮮詩集」三卷。兒童書に「三韓昔がたり」「青い葉つぱ」「黃ろい牛と黑い牛」など。

昭和十七年六月二十日　初版五千部發行
昭和十八年三月二十日　再版貳千五百部發行
昭和十八年十月二十日　三版發行

石の鐘

出版會承認 い 90358

5.000部印刷

㊢ 定價一圓二十錢
特別行爲稅相當額十錢
賣價一圓三十錢

著作者　鐵《てつ》 甚《じん》 平《ぺい》

東京都本鄕區東片町九二
發行者　土屋弘

東京都本鄕區眞砂町三六
印刷者（東東二二六）龜谷良一

東京都本鄕區眞砂町三六
印刷所　日東印刷株式會社

東京都本鄕區東片町九二番地
發行所　東亞書院
振替東京一六八二五八番
會員番號一二〇一二八番

東京都神田區淡路町二ノ九
配給元　日本出版配給株式會社